CLASSIQUES EN POCHE

Collection
dirigée
par
Hélène Monsacré

Dans la même collection

MAMERTIN

PANÉGYRIQUES DE MAXIMIEN

(289 et 291)

Texte établi et traduit par *Édouard Galletier*
Introduction et notes de Odile Ricoux

Deuxième tirage

LES BELLES LETTRES

2002

Dans la même collection (suite)

© 2002, Société d'édition Les Belles Lettres,
95 bd Raspail 75006 Paris.
www.lesbelleslettres.com

Première édition 1999

ISBN : 2-251-79950-8
ISSN : 1275-4544

Introduction

*par Odile Ricoux**

Durant l'été 1433, profitant d'une « pause » dans les réunions du concile de Bâle (1431-1437), Giovanni Aurispa, qui faisait partie de la suite de l'évêque de Ferrare, découvrit, dans la Bibliothèque de la cathédrale Saint-Martin à Mayence, un manuscrit comprenant douze panégyriques latins[1] : il en fit une copie[2] qu'il rapporta à

---

* Maître de conférences à l'Université de Valenciennes.

1. Il semblerait qu'à la même époque l'évêque de Pavie, Francesco Pizolpasso, ait, lui aussi, indépendamment d'Aurispa, découvert le fameux *Maguntinus*. Cette hypothèse a pu être émise d'après une lettre écrite en 1436, par l'humaniste Pier Decembrio, et conservée à la Bibliothèque du palais Riccardi de Florence (*cod. Riccardianus 827*, f. 2 r) ; voir Lassandro & Diviccaro 1998 : 133, n. 2.

2. Deux autres copies furent réalisées à Mayence dans la seconde moitié du XVe siècle, l'une par le théologien allemand Johannes Hergot, conservée, depuis 1719, à la Bibliothèque universitaire d'Uppsala (*codex Vpsaliensis*, Scr. Lat. 18) et l'autre par un copiste demeuré anonyme, conservée au British Museum depuis le XVIIIe siècle (*codex Harleianus 2480* — l'un des 6 000 volumes de la collection de Robert Harley —, souvent considéré comme le meilleur manuscrit des panégyriques latins). Le manuscrit original (dont on ignore totalement quelle était l'ancienneté) a disparu ainsi que la copie initiale qu'en avait prise Aurispa.

Florence, tout en laissant l'original à Mayence[3]. Quand il signala sa découverte, dans une lettre à son ami Jacob Thomas Thebalducci, Aurispa souligna qu'il s'agissait d'une œuvre jusqu'alors inconnue et dont l'intérêt littéraire lui paraissait de la plus grande importance[4]. C'est ainsi que, sous le nom de « Panégyriques latins », la tradition manuscrite[5] a transmis ce recueil de discours d'apparat prononcés devant des empereurs romains, en tête duquel figure, comme modèle du genre, le *Panégyrique de Trajan* composé par Pline le Jeune.

Un corpus de panégyriques gaulois

Si l'on excepte le *Panégyrique de Trajan*, discours de remerciement *(gratiarum actio)* que Pline, selon l'usage, adressa à l'empereur quand il devint consul (en 100 ap. J.-C.), les onze autres panégyriques du recueil découvert à Mayence sont l'œuvre d'orateurs gaulois, qui, presque tous, enseignaient la rhétorique en Gaule. Ils furent prononcés de 289 à 389, de l'époque de Dioclétien et de Maximien à celle de Théodose, le plus souvent à Trèves,

3. Sur la découverte du recueil de Mayence, voir R. SABBADINI, *Le scoperte dei codici latini e greci ne' secoli XIV e XV*, Florence, vol. I, 1905, pp. 114-122, et vol. II, *Nuove ricerche col rassiunto filologico dei due volumi*, Florence, 1914, pp. 239, 241-243. Voir aussi, du même auteur, la *Biografia documentata di Giovanni Aurispa*, Noto, 1890.

4. Cette lettre, écrite de Bâle le 6 août 1433, est conservée aux Archives nationales de Florence *(Arch. Mediceo avanti il Principato, filza 96 A, 439)* ; voir Lassandro & Diviccaro 1998 : 133, n. 2.

5. Sur cette tradition manuscrite, voir l'introduction d'Édouard Galletier aux *Panégyriques latins*, dans la Collection des Universités de France (Paris, Les Belles Lettres, 1949), tome I, pp. XXXVIII-LV. Pour un inventaire complet des manuscrits des *Panégyriques latins*, voir Lassandro 1988. Pour les questions de critique textuelle, voir, entre autres, Lassandro (1973-1976) et Janson (1984).

devenue capitale impériale au cours des années 280[6]. La tradition manuscrite les a conservés dans un ordre curieux, ni chronologique ni logique, inversant même la chronologie, à quelques exceptions près. Ainsi les deux plus anciens (datés de 289 et de 291) se trouvent respectivement en dizième et onzième positions dans les manuscrits. Cet agencement traditionnel a été respecté par la plupart des éditeurs anciens et modernes[7]. Édouard Galletier, quant à lui, a adopté l'ordre chronologique et c'est sa numérotation, beaucoup plus commode pour la consultation et l'intelligence générale du recueil, que nous avons suivie[8].

6. Sur Trèves comme résidence impériale et capitale naissante de l'Empire, voir WIGHTMAN Edith Mary, *Roman Trier and the Treveri*, Londres, 1970, pp. 58 sqq. ; 98 sqq.

7. L'*editio princeps* est celle de Francesco dal Pozzo, dite « de Puteolanus » (volume in-4° publié à Milan en 1476, selon certaines sources, mais plutôt en 1482, et réédité à Venise en 1499). L'édition suivante a été réalisée à Vienne, par les soins de Cuspinianus (Spiesshammer, de son vrai nom) ; elle est datée de 1513. Cette édition cuspinienne présente la particularité d'offrir, pour d'assez nombreux passages « corrompus » des panégyriques, des corrections, le plus souvent fort heureuses — mais il n'est pas possible de résoudre totalement le problème des sources utilisées par l'éditeur. Un passage même — « *Non fortuita in uobis est germanitas <sed electa ; notum est saepe eisdem parentibus natos esse dissimiles, certissimae fraternitatis est> usque ad imperium similitudo* » (III, 7, 6 ; cf. *infra*, Panégyrique III, n. 42) — apparaît assez nettement comme une glose (cf. Introduction d'É. Galletier [1949 : LII-LIII]), bien que la plupart des éditeurs anciens et certains éditeurs modernes (cf., entre autres, Mynors 1967 ; Paladini & Fedeli 1976) aient jugé préférable de le conserver. Édouard Galletier, quant à lui, a négligé cette « interpolation » et ne l'a pas traduite, contrairement à Barbara S. Rodgers qui la rend ainsi : « Your brotherhood is not of chance <but of choice ; everyone knows that unlike children are often born to the same parents, but the likeness of only the most certain brotherhood> reaches all the way up to the supreme power » (Nixon & Rodgers 1994 : 92).

8. Édouard Galletier a assigné, à chaque discours, un numéro en chiffres romains, suivi, entre parenthèses, d'un numéro en chiffres arabes, renvoyant à la numérotation de l'archétype et à celle de l'édition de Wilhem Baehrens (Leipzig, B. G. Teubner, 1911).

Ce corpus gaulois, de la fin du IIIe siècle et du IVe siècle, comporte des discours relevant de la rhétorique officielle, œuvres de circonstance qui font l'éloge de la personne impériale, de ses vertus[9] et de ses actes, selon des schémas mis au point depuis fort longtemps. Il s'agit de textes conventionnels, célébrant la gloire impériale et faisant partie d'un rituel. Du reste, l'auteur du panégyrique daté de 289 qualifie son discours, dans la péroraison, de *munus pium* (II, 13, 1), c'est-à-dire qu'il le considère comme un « devoir » (à la fois charge et don) grâce auquel la parole se trouve sacralisée[10]. En ce qui concerne la structure rhétorique et l'agencement des motifs[11], les panégyristes gaulois apparaissent comme les héritiers des théoriciens grecs, mais leur pratique révèle surtout une forte influence de Cicéron (en particulier du *Pro Marcello* et du discours *Pro lege Manilia de imperio Cn. Pompei*), ainsi que du *Panégyrique* de Pline, considéré comme un véritable *exemplum* du genre[12]. Les panégyriques latins en prose de

9. Voir, entre autres, L'Huillier 1992 : 325-360.

10. Voir L'Huillier 1986 : 529-531.

11. Une analyse très précise de la structure rhétorique des panégyriques latins en prose de l'Antiquité tardive a été faite par Fanny del Chicca (1987). Quant à la typologie de l'argumentation, elle a été récemment étudiée par Joachim Gruber (1997). Nous nous contenterons donc ici de renvoyer à ces deux études.

12. La question des modèles, tant grecs que latins, des panégyristes gaulois et celle des caractéristiques spécifiques du genre du panégyrique ont été maintes fois traitées. Citons, entre autres, les études de Schaefer (1914), Ziegler (1949), MacCormack (1975), Vereecke (1975), L'Huillier (1986 ; 1992) ou, très récemment, Russel (1998). Aussi nous bornerons-nous ici à aborder succinctement ces deux points déjà très largement développés par divers commentateurs.

Sur l'influence des traités rhétoriques grecs comme, par exemple, la *Rhétorique à Alexandre* ou la *Rhétorique* d'Aristote, voir, en particulier, MacCormack (1975 : 144) et Russel (1998 : 18). Sur l'influence des discours de Cicéron, voir particulièrement MacCormack (1975 : 143 ; 148-149) et Russel (1998 : 19). Sur l'influence du *Panégyrique* de Pline, voir surtout MacCormack (1975 : 149-151).

l'époque tardive prolongent ainsi une tradition – tout particulièrement celle de l'oraison funèbre[13] – qui a ses racines dans la vie politique romaine de l'époque républicaine, alors même qu'à l'époque impériale se sont multipliées, pour les orateurs, les occasions de prendre la parole devant l'empereur (anniversaire de la fondation de Rome ou de l'accession au pouvoir, mariage, félicitations pour une campagne victorieuse, remerciements d'un consul qui entrait en fonction...). L'Antiquité tardive apparaît vraiment comme « l'âge d'or » des panégyriques[14].

C'est Isocrate qui, le premier, utilisa le terme « panégyrique » (*panègurikos* [*logos*])[15] comme titre d'un de ses discours dans lequel il fait l'éloge d'Athènes et qui était destiné à être prononcé à l'occasion des Jeux Olympiques de 380 av. J.-C.[16], en complément de l'assemblée solennelle appelée *panèguris*. Le mot latin *panegyricus* n'est employé par Cicéron que pour désigner cette œuvre d'Isocrate[17], et ce n'est qu'à l'époque de Quintilien qu'il est devenu un nom commun[18], synonyme de *laudatio (ou laus)* qui jusque-là traduisait le grec *enkomion*[19]. Le panégyrique appartient au genre épidictique *(genus demonstratiuum)*, qui comprend lui-même plusieurs types de discours d'apparat, en particulier l'éloge *(enkomion* ou *épainos* en grec, *laudatio* ou *laus* en latin), ou l'invective

---

13. Voir, par exemple, MacCormack 1975 : 146-148.

14. Voir *ibid.* : 143.

15. L'adjectif grec *panègurikos* est dérivé du substantif *panèguris* ; un *panègurikos (logos)* est donc un discours prononcé quand le peuple est réuni pour une fête solennelle (cf. Ziegler 1949 : 559 ; Russel 1998 : 20).

16. Isocrate avait eu des prédécesseurs : Gorgias, en 392, puis Lysias, en 388, avaient prononcé des discours d'éloge pour les Jeux Olympiques (cf. Nixon & Rodgers 1994 : 1, n. 2). Mais c'est vraiment le discours d'Isocrate qui donna son nom au genre.

17. Voir *Orator*, XI, 37.

18. Voir *Institution oratoire*, II, 10, 11 ; III, 4, 14.

19. Voir Nixon & Rodgers 1994 : 1.

(psogos, uituperatio) qui en est le revers négatif. L'éloge
d'un individu, tout particulièrement d'un souverain *(basi-
likos logos)*, constitue la branche la plus importante de l'*enkomion*, qui s'est largement développée dans le monde hel-
lénistique[20]. Le modèle en est l'*Évagoras* d'Isocrate[21]. Le
terme *panegyricus*, qualifiant l'éloge d'un individu, s'est
répandu à la fin du IIIe siècle et au IVe siècle ap. J.-C, et il
figure ainsi dans chacune des suscriptions manuscrites des
XII Panégyriques latins[22].

Les traités anciens de rhétorique grecque donnaient des
conseils pour la composition des discours épidictiques[23],
mais le genre était considéré comme mineur[24]. Il dut
attendre la fin du IIe ou le début du IIIe siècle ap. J.-C.
(date à laquelle fut composé un traité attribué à Denys
d'Halicarnasse[25]), et surtout la fin du IIIe ou le début du IVe
siècle (date à laquelle furent composés deux traités attribués à Ménandre le rhéteur[26]), pour acquérir véritablement
ses lettres de noblesse et devenir un genre majeur. Ces
traités de l'époque tardive constituent de véritables manuels
scolaires, agrémentés d'un grand nombres d'exemples et
fournissant des canevas de composition[27], que les panégyristes gaulois, enseignant eux-mêmes, pour la plupart,
dans les célèbres écoles gauloises de rhétorique (comme
celles d'Autun, de Trèves ou de Bordeaux), semblent avoir,

---

20. Voir *ibid* : 2.

21. Voir MacCormack 1975 : 143.

22. Le recueil fut compilé par un rhéteur gaulois, peut-être Pacatus,
l'auteur du panégyrique de 389, le dernier de l'ensemble (cf. *ibid.* :
144 et n. 6).

23. Voir *supra*, n. 12.

24. Telle est aussi l'opinion de l'auteur de la *Rhétorique à Hérennius*.

25. Il s'agit de la *Technè peri tôn panégurikôn* (cf. MacCormack
1975 : 144 et n. 11).

26. Il s'agit de deux traités, regroupés sous le titre de *Péri épideik-
tikôn*, dont l'un est bien de Ménandre mais l'autre vraisemblablement
pas (cf. *ibid.* : 144 et n. 10).

27. Voir l'exemple présenté par Vereecke (1975 : 144-145).

du moins partiellement, pris comme modèles[28]. En fait, les orateurs gaulois ont puisé dans un éventail de sources extrêmement variées, empruntant çà ou là des expressions, des allusions, des *exempla*, des *topoi*, des effets de rythme et des clausules[29]…

Ainsi, les panégyriques latins de l'époque tardive sont avant tout des discours d'apparat composés, le plus souvent par des orateurs officiels[30], pour célébrer les événements marquants de la vie des empereurs et de la cour[31]. Ils font partie d'un cérémonial[32] – comme, par exemple, celui de l'*aduentus*[33] –, dans lequel la parole occupe une place privilégiée[34], devenant parfois un véritable instrument de

---

28. L'étude, menée en parallèle, du plan-type, proposé par Ménandre, d'un *basilokos logos* et du *Panégyrique* II, fait apparaître de nombreux points de concordance (cf. Nixon & Rodgers 1994 : 11-12). Toutefois, selon Vereecke (1975 : 150-151), il conviendrait de minimiser l'influence de Ménandre aussi bien que celles de Cicéron et de Pline sur les panégyristes gaulois.

29. Sur les clausules dans la prose latine du Bas-Empire, voir les analyses de Hall & Oberhelman (1985 ; 1986). Sur la langue des *Panégyriques latins* et divers effets de style, voir l'étude synthétique de Nixon & Rodgers (1994 : 14-26).

30. Burdeau (1964 : 5) les qualifie de « courtisans » et de « flatteurs ». Pourtant les panégyristes gaulois ne sont pas des « orateurs de cour », mais des professeurs de rhétorique (cf. Nixon & Rodgers 1994 : 31).

31. Voir Nixon (1983) et Sabbah (1984 : 371-372).

32. Voir MacCormack 1981 : *passim*.

33. La cérémonie de l'*aduentus* (arrivée d'un souverain) constituait un événement à l'occasion duquel il était traditionnel de prononcer un discours d'éloge. Les traités attribués à Denys d'Halicarnasse et à Ménandre prodiguaient nombre de conseils pour la composition de ce genre de panégyrique (cf. MacCormack 1975 : 157-158). Voir aussi MacCormack (1972 : *passim* ; 1981 : 17-89) et Mause (1995 : 33).

34. Le discours d'éloge « est une pièce nécessaire de la cérémonie, au même titre que le déploiement des soldats de la garde impériale, la décoration du palais ou les jeux offerts au peuple » (R. PICHON, *Les Derniers Écrivains profanes*, Paris, 1906, p. 43 ; cité par Nixon & Rodgers 1994 : 28). Ce n'est pas pour autant qu'il ne contient que des formules vides de sens et déconnectées de la réalité, ainsi que l'a clairement montré Ulrike Asche (1983 : *passim*).

propagande[35] et mettant en évidence « les triples liens indissolubles entre pouvoir discursif, pouvoir politique et pouvoir divin »[36]. Quant au rôle du panégyriste, élément incontournable de ce rituel, il est assez comparable à celui d'un acteur de théâtre[37], qui, en l'occurrence, énonce « des représentations de l'Empereur — figure centrale des textes – et de l'exercice du pouvoir dans un langage codé et très élaboré »[38].

L'auteur des Panégyriques adressés à Maximien

Les deux panégyriques adressés à Maximien-Hercule semblent bien être l'œuvre d'un seul et même orateur. Cette origine commune, quoique parfois contestée[39], est, à notre avis, attestée par deux références faites par le panégyriste de 291 à un précédent discours, prononcé par lui-même devant Maximien : « J'avais souhaité, dis-je, par-dessus tout, d'être encore une fois écouté de toi avec la même faveur que tu m'avais précédemment écouté. <...> Moi-même, il y a quelque temps, quand ta divine estime m'a accordé la faveur de ton audience, je les [= *vos expéditions militaires et vos succès*] prônés du mieux que j'ai pu[40] ». Ces « succès » militaires – sujet central du premier discours –, sont précisément l'objet, dans le second discours, d'une longue prétérition[41], qui apparaît comme un résumé de faits que l'auteur a déjà mentionnés et à propos desquels il évite soigneusement de se répéter. Par ailleurs, même si les deux panégy-

---

35. Voir MacCormack 1975 : 159-166.
36. L'Huillier 1986 : 538. Sur ce point, voir aussi Christol 1976 : 421-427.
37. Voir MacCormack (1981 : 1-14) et Mause (1995 : 36-37).
38. L'Huillier 1986 : 529.
39. Voir, par exemple, Nixon & Rodgers (1994 : 10 ; 76).
40. III, 1, 2 ; III, 5, 1.
41. Voir III, 5, 3-4.

riques paraissent de conception fort différente, il n'en demeure pas moins qu'il existe entre eux des similitudes d'expression tout à fait frappantes, qui, à l'occasion, vont jusqu'à la reprise quasi littérale[42]. Quant aux suscriptions des
manuscrits, elles ne laissent, semble-t-il, aucun doute. En
tête de toutes les versions manuscrites du *Genethliacus* (« discours anniversaire », titre traditionnel du panégyrique de
291), qui suit immédiatement celui daté de 289, se trouve
une formule presque toujours identique : *Eiusdem
<magistri> Genethliacus*. La tradition manuscrite confirme
donc bien que les deux discours ont été composés par « le
même » *(eiusdem)* panégyriste.

En revanche, la lecture du nom de l'auteur soulève
davantage de problèmes et certains éditeurs ou traducteurs
considèrent ces deux textes comme anonymes[43]. Pourtant,
dans deux manuscrits, l'*Harleianus* (*H*, reconnu presque
unanimement comme le meilleur manuscrit) et le *Venetus
Marcianus* (*B*), la suscription du *Genethliacus* indique
clairement : *Item eiusdem magistri Mamertini Genethliacus
Maximiani Augusti*[44]. Il n'y a donc pas, à notre avis, de

---

42. La plupart de ces similitudes sont énumérées par É. Galletier,
dans son introduction au panégyrique daté de 289 (1949 : 5, n. 2). De
grandes différences entre les deux discours sont, au contraire, soulignées
par Nixon & Rodgers (1994 : 10).

43. Voir, entre autres, Nixon & Rodgers 1994.

44. Dans l'*Upsaliensis* (*A*), le nom de l'auteur est corrompu (*Item eiusdem magistri memet* [altération de *Mamertini* ?] *Genethliacus Maximiani
Augusti*). Dans le *Vaticanus* 1775 (*W*), le nom de l'auteur est absent *(Eiusdem
Genethliacus Maximiani Augusti et Diocletiani)*. Les diverses solutions
proposées pour l'interprétation de l'expression *memet*, qui figure en *A*, ne
manquent pas d'ingéniosité (cf. introduction de Galletier 1949 : XVIII,
n. 3) : celle qui consiste à y voir une corruption de *mem<oriae> et <rhe-
toris latini>* paraît la plus convaincante (cf. D'Elia 1962 : 127 ; Nixon &
Rodgers 1994 : 10) ; elle conduit, du reste, à supposer que le panégyriste
était le *magister memoriae* de Maximien — hypothèse, ingénieuse certes,
mais qui ne paraît guère utile (cf. D'Elia 1962 : 128). Sur les multiples
fautes commises par le copiste de l'*Upsaliensis*, voir Galletier (1949 : XLIV-
XLV) et les compléments apportés par D'Elia (1962 : 128).

raison valable pour refuser d'admettre que l'auteur des *Panégyriques* II et III se nomme Mamertin. Ce panégyriste ne doit, toutefois, pas être confondu avec son homonyme, Claudius Mamertinus – y avait-il même un lien de parenté entre les deux hommes ? —, qui, en 362, au moment où il devint consul, adressa à l'empereur Julien un discours de remerciement *(gratiarum actio)*[45].

Mamertin est, selon toute vraisemblance, un orateur originaire du nord-est de la Gaule[46], comme l'indiquent assez nettement certaines formules du Panégyrique II. Si les expressions *in hisce terris* (II, 4, 3) et *has prouincias tuas frequenter illustres* (II, 14, 4) nous apprennent seulement que c'est un Gaulois qui s'exprime[47], d'autres tournures, en revanche, fournissent davantage de renseignements : quand Mamertin mentionne les invasions des Alamans et des Burgondions (dans les provinces rhénanes) ainsi que celles des Chaibones et des Hérules (dans le nord de la Gaule), il désigne les provinces concernées par le démonstratif *hic*[48], signalant ainsi clairement qu'il vit lui-même dans ces régions[49] ; c'est une conclusion similaire

---

45. Ce discours est, dans l'ordre chronologique, le XIe panégyrique du corpus gaulois (édition et traduction d'Édouard Galletier, Paris, Les Belles Lettres, C. U. F., vol. III, 1955).

46. Mamertin n'a qu'une connaissance approximative de la topographie de la ville de Rome : par exemple en III, 19, 5, il situe curieusement les Rostres (la tribune aux harangues) sur le Champ de *Mars (Romani Rostra campi)*.

47. Le démonstratif exprime ici la proximité et revêt, en même temps, la valeur de possessif de la 1re personne. La première expression signale ainsi que la révolte des Bagaudes a représenté un grand danger pour la Gaule, sans qu'il y ait mention d'une région particulière. Dans la seconde expression, on ne peut pas déceler davantage que le souhait de voir, le plus souvent possible, Maximien honorer de sa présence les provinces gauloises.

48. « *Cum... in has prouincias irruissent* » (II, 5, 1).

49. C'est en utilisant l'adverbe démonstratif *hic* que Mamertin rappellera, dans le discours de 291 (III, 7, 2), les victoires remportées par Maximien sur les Chaibones et les Hérules dans les provinces du nord de la Gaule.

que l'on peut tirer de la proposition *quidquid pro hisce terris feceras* (II, 9, 1), par laquelle Mamertin rappelle tous les exploits accomplis par Maximien au-delà du Rhin pour assurer la tranquillité des provinces du nord-est de la Gaule. Par ailleurs, quand le panégyriste évoque les décrues inquiétantes du Rhin ainsi que ses crues rassurantes, il laisse entendre sans ambiguïté, par l'utilisation répétée du possessif *noster*[50], qu'il a été lui-même, à diverses reprises, le témoin oculaire des caprices du fleuves. Mais c'est surtout l'expression *hic fluuius noster* (II, 12, 6) qui paraît la plus significative : le contexte permet d'identifier, sans aucun doute possible, ce *fluuius* à la Moselle. Mamertin résidait donc sur les bords de la Moselle, dans la cité de Trèves, à laquelle est, à deux reprises, associé le démonstratif *haec*[51] et où, peut-être, il tenait école[52]. Il est vraisemblable, par ailleurs, qu'il était bien introduit dans l'entourage de Maximien[53], car, en deux circonstances rapprochées, il a été appelé à composer un discours en l'honneur de l'empereur.

Les circonstances de composition des *Panégyriques* II et III

La datation précise des deux œuvres n'est pas très aisée à établir. Il est certain que le premier discours de Mamertin a été prononcé, devant Maximien, à Trèves, capitale naissante, « en ce jour où est célébrée la naissance de l'im-

---

50. « *Cum summo metu nostro... cum summa securitate nostra* » (II, 7, 4).

51. Les formules *hanc urbem* (II, 6, 4) et *huic ciuitati* (II, 14, 3) ne sauraient, d'après le contexte, désigner d'autre ville que Trèves.

52. Aucune allusion, ni dans le premier ni dans le second discours, ni même dans la tradition manuscrite, ne permet de confirmer cette hypothèse.

53. Il n'est pas indispensable, pour autant, de supposer que Mamertin était le *magister memoriae* de Maximien (cf. *supra*, n. 44).

mortelle cité[54] », c'est-à-dire à l'occasion des fêtes anniversaires de la fondation de Rome, le 21 avril. Nous savons par ailleurs qu'il est antérieur au *Genethliacus*, puisqu'à deux reprises, dans ce dernier, l'orateur fait référence à un discours précédemment adressé à Maximien[55], et qu'il est également antérieur au 21 avril 290, puisque la campagne victorieuse de Dioclétien en Sarmatie, qui vraisemblablement se déroula durant l'été 289[56], n'y est pas mentionnée, contrairement à celle de Rétie, qui occupa Dioclétien durant l'été 288[57] et que Mamertin signale comme récente[58] au moment où il compose le Panégyrique II. Il paraît donc fort probable que le premier discours ait été prononcé le 21 avril 289.

En ce qui concerne le *Genethliacus*, Mamertin nous apprend, dès le premier paragraphe, que l'absence de Maximien, lors de la célébration de ses *Quinquennalia*, l'a contraint à ajourner le discours qu'il avait préparé pour cette occasion et qu'il présente donc ce *Discours anniversaire* comme « compensation »[59], sans doute quelques mois plus tard. Mais de quelle année s'agit-il ? Il est à peu près sûr que Maximien a été proclamé César, sans doute à Milan, le 21 juillet 285[60]. Quant à son élévation au rang d'Auguste, elle eut lieu vraisemblablement au début d'avril 286[61] (ou peut-être en septembre de la

---

54. II, 1, 4 : « *Hoc die quo immortalis ortus ciuitatis celebratur* ».

55. Voir *supra*, n. 40.

56. Voir Barnes 1982 : 51.

57. Voir *ibid*.

58. Mamertin emploie l'adverbe *nuper* (II, 9, 1).

59. « On veut que l'attente du discours que j'avais préparé pour tes Quinquennales trouve sa compensation dans ce panégyrique *(hac praedicatione compensem)* » (III, 1, 1).

60. Voir Barnes 1982 : 57.

61. Barnes (1982 : 4) situe précisément cette élévation le 1er avril 286 (voir également Nixon & Rodgers 1994 : 77), infirmant ainsi les conclusions d'Aline Rousselle (1976 : 452) et d'Anna Pasqualini (1979 : 29), qui proposaient de fixer le *dies imperii* de Maximien entre le 10 et le 31 décembre 285. Corcoran (1996 : 273) ne contredit pas Barnes, mais déplore

même année[62]). Nous savons également, par Mamertin lui-même, qu' « il est d'usage que chaque lustre ait son panégyrique »[63]. Ainsi, le discours préparé pour les *Quinquennalia* de Maximien aurait dû être prononcé au plus tôt le 21 juillet 290. Mais surtout, l'évocation de l'entrevue de Milan, entre Dioclétien et Maximien, que l'on peut dater de l'hiver 291[64], nous permet de préciser que ce panégyrique ajourné était prévu pour le 1er (?) avril 291[65]. Le *Genethliacus* a donc été prononcé un peu plus tard, durant la même année.

Quel anniversaire célébrait-il ? Cette question a suscité de multiples controverses. Il s'agit apparemment d'un « double anniversaire », car, à quatre reprises, Mamertin utilise l'expression *geminus natalis*[66] qui, d'ailleurs, soulève bien des problèmes d'interprétation. L'hypothèse, émise par divers commentateurs, selon laquelle Dioclétien et Maximien seraient, à quelques années d'intervalle, nés le même jour, semble devoir être abandonnée, dans la mesure où elle ne trouve aucune confirmation dans le panégyrique lui-même. Or une si extraordinaire coïncidence aurait au moins mérité quelques commentaires de la part

le manque de certitude concernant la chronologie de Maximien : « Unfortunately, the date(s) for Maximian's nomination and the subsequent iteration of his titulature are the most uncertain of all the tetrarchic rulers. »

62. Voir Petit 1974 : III, 11.

63. « *Lustris omnibus praedicandis communis oratio est* » (III, 1, 3). Un « lustre » correspond à cinq ans révolus. Mamertin précise clairement son intention de prononcer un autre panégyrique quand Maximien aura une nouvelle fois accompli cinq années de règne *(quinquennio rursus exacto)*.

64. L'entrevue se déroula sans doute au début de janvier 291 (cf. Barnes 1982 : 52).

65. Par les adverbes *nuper* (III, 2, 4) puis *proxime* (III, 8, 1), Mamertin indique qu'il s'agit d'un événement récent au moment où il compose son discours.

66. *Gemini natalis* (III, 1, 1) ; *gemini uestri natales* (III, 2, 2) ; *gemino natali tuo* (III, 19, 1) ; *gemini natales* (III, 19, 3).

du panégyriste[67]. Devant de telles difficultés, certains ont proposé de corrigèr le texte : il faudrait, à l'instar du copiste de l'*Harleianus* (*H*), lire *genuinus* au lieu de *geminus*[68] et comprendre ainsi que, dans ce discours, Mamertin célèbre l'anniversaire de la naissance de Maximien[69]. Mais cette correction, outre qu'elle est loin de recueillir tous les suffrages — les éditeurs les plus récents lisent toujours *geminus* et non *genuinus* —, rend le texte presque incompréhensible en deux passages sur quatre. Comment, en effet, s'il s'agit du seul anniversaire de Maximien, comprendre que le terme *natalis* est utilisé, par deux fois, au pluriel[70] et même, en une occurrence, précisé par le possessif de la deuxième personne du pluriel *(uestri)* ? Comment, par ailleurs, justifier que, bien qu'il s'adresse directement à Maximien, Mamertin célèbre constamment en parallèle les deux Augustes, qu'il ne cesse d'insister sur la « fraternité » qui les lie et que, dans ses deux discours, il les désigne fréquemment par le substantif

67. Sur cette hypothèse considérée comme non fondée, voir, entre autres, Galletier (1949 : 10 et n. 2), D'Elia (1962 : 257 et n. 146), Wistrand (1964 : 132 et n. 5) et Nixon (1981 : 158 et n. 3). On sait, grâce à un papyrus (*PBeatty Panopolis*, II), que l'anniversaire de Dioclétien était le 22 décembre (cf. Nixon 1981 : 158 ; Barnes 1982 : 30-31 ; Nixon & Rodgers 1994 : 78). Mais ce même papyrus ne nous apprend rien ni sur l'année ni sur le jour de la naissance de Maximien (cf. Nixon 1981 : 158). Sur les incertitudes concernant la date de naissance de Maximien, voir Pasqualini 1979 : 5-13.

68. Cette correction a d'abord été suggérée à partir de la lecture d'un passage de la *Passio Marcelli centurionis*, dans lequel il est précisé que la démonstration de bravoure du centurion Marcel a lieu le jour même de l'anniversaire de Maximien *(die natalis genuini)*, le 21 juillet 298 (cf., entre autres, D'Elia 1962 : 264-265 ; Wistrand 1964 : 139-140). L'examen que Nixon a pu faire de l'*Harleianus* lui a permis de constater que, dans cette copie du panégyrique de 291, *geminus* est toujours remplacé par *genuinus*, quand cet adjectif est associé à *natalis* (cf. Nixon 1981 : 163-164).

69. Voir Nixon 1981 : 165 ; Nixon & Rodgers 1994 : 78.

70. Voir *supra*, n. 66.

fratres[71] ? Mais surtout, s'il n'était pas question d'un « double anniversaire », pourquoi les deux empereurs seraient-ils assimilés à des « jumeaux <qui> respectent l'égalité de leurs droits sur un patrimoine indivis »[72], ou bien comparés, dans le premier discours, aux Héraclides jumeaux, Eurysthénès et Proclès, qui fondèrent la double royauté de Lacédémone[73] ? Une telle insistance sur la gémellité des deux corégents nous paraît déterminante et nous incite à continuer à lire *geminus natalis* et non *genuinus natalis*.

À quel anniversaire peut donc correspondre ce *geminus natalis* célébré en 291, peu de temps après les Quinquennales de Maximien ? À cette délicate question, la thèse, développée en 1946 par William Seston dans son étude sur *Dioclétien et la Tétrarchie*[74], apporte, à notre avis, une réponse satisfaisante — que ne contredisent pas les lumières récemment jetées sur la chronologie du règne de Maximien[75] : ce n'est pas une naissance charnelle que commémore le Panégyrique III, mais une naissance à l'immortalité divine, comme le précise Mamertin lui-même en indiquant qu'il prend la parole « en ces jours où l'on fête l'origine de l'immortalité <des deux Augustes>[76] ». Ainsi le *Genethliacus* apparaît comme le discours anniversaire du jour où, en 287 (probablement au cours de l'été[77]), Dioclétien prit le titre de *Iouius* et

---

71. On peut relever dix occurrences du terme *frater* (ou *fratres*) dans l'ensemble des deux panégyriques, une occurrence de l'adjectif *fraternus* et une du substantif *germanitas* (cf. concordance de Janson 1979 : *s. v.*).

72. III. 6, 3 : « ... *geminiue fratres indiuiso patrimonio aequabiliter utuntur.* » Personne ne conteste, dans cette phrase, la lecture *gemini*.

73. Voir II, 9, 4.

74. Voir Seston 1946 : 211-230.

75. Voir *supra*, n. 60 et 61.

76. III. 3, 7 : « *His quidem certe diebus quibus immortalitatis origo celebratur...* »

77. Voir Seston 1946 : 222.

Maximien reçut celui d'*Herculius*[78], c'est-à-dire où les corégents sont respectivement et simultanément reconnus fils de Jupiter et fils d'Hercule[79]. Il s'agit donc bien de la commémoration d'un double *natalis* et il n'est pas impossible que le discours ait été prononcé le 21 juillet 291, à Trèves[80], à l'occasion de fêtes données en l'honneur d'*Hercules Victor*[81] et coïncidant peut-être avec l'anniversaire de la naissance de Maximien[82].

Portée historique des deux panégyriques de Mamertin

Les deux discours de Mamertin, et en particulier celui de 289, apparaissent assez nettement comme une justification, par les faits, de la Dyarchie, de cette association impériale, scellée entre Dioclétien et Maximien, mesure politique véritablement capitale qui a préparé la voie vers

---

78. C'est précisément par la présence d'une « double divinité » *(geminato numine)* que sont troublés les témoins de l'entrevue qui, au cours de l'hiver 291, eut lieu à Milan entre Dioclétien et Maximien (cf. III, 11, 1).

79. On pourrait en quelque sorte parler d'une double épiphanie. Sur « l'épiphanie des Tétrarques », voir Seston (1950).

80. Selon Barnes (1982 : 58), Maximien se trouvait à Trèves durant l'été 291.

81. Voir Nixon 1981 : 166.

82. Si l'on se réfère au passage déjà mentionné de la *Passio Marcelli centurionis* (cf. *supra*, n. 68), il semblerait que le *genuinus natalis* de Maximien ait été commémoré le 21 juillet. Cette précision permet de mieux comprendre pourquoi Mamertin évoque à la fois un *geminus natalis* et « le jour qui le premier produisit <Maximien> à la lumière » *(dies qui te primus protulit in lucem* ; III, 2, 1). Il s'agirait bien dès lors d'un double anniversaire pour Maximien lui-même — comme le suggère l'expression *gemino natali tuo* (III, 19, 1) —, anniversaire commun du jour de sa naissance charnelle et de celui de sa naissance à l'immortalité divine. Peut-être même faut-il aller jusqu'à admettre que l'on célèbre, à cette date, un triple anniversaire, puisque, selon Barnes (cf. *supra*, n. 60), c'est également un 21 juillet que Maximien a été élevé au rang de César.

la Tétrarchie (qui sera mise en place en 293). Selon l'orateur, ce fut une œuvre de sagesse, de la part de Dioclétien, et de courage, de la part de Maximien : « Quand tu as accepté toutes ces obligations de la main du meilleur des frères tu as donné la mesure de ton courage *(tu fecisti fortiter)* et lui de sa sagesse *(ille sapienter)* »[83]. Cette acceptation de Maximien paraît à Mamertin d'autant plus courageuse que l'État romain se trouvait alors dans une situation particulièrement dramatique : « <Tu as mis la main au gouvernail> à l'heure où, pour redresser la situation *(ad restituendam eam)* après l'effondrement des temps passés *(post priorum temporum labem)*, il ne fallait rien de moins qu'un secours divin et où l'assistance d'un dieu unique n'était pas même suffisante, tu as, au côté du prince, étayé la puissance romaine qui croulait *(praecipitanti Romano nomini iuxta principem subisti)*[84]. » Car c'est bien « à rétablir les affaires de l'état »[85] *(ad restituendam rempublicam)* que Maximien a été appelé et c'est donc bien à juste titre que les deux corégents sont considérés comme des « sauveurs », méritant d'être gratifiés, sans aucune réticence, des titres de *restitutores*[86] ou de *conseruatores*[87].

En effet, après qu'à l'instigation d'Aper, le préfet du prétoire, l'empereur Numérien eut été assassiné, vers la mi-novembre 284, C. Valerius Aurelius Diocletianus, officier dalmate de modeste origine, qui était alors commandant des gardes du corps *(protectores)*, après avoir lui-même tué Aper, tout près de Nicomédie, fut proclamé Auguste et consul par ses troupes, le 20 novembre 284[88].

83. II, 4, 1.
84. II, 4, 2.
85. II, 3, 1.
86. II, 1, 5.
87. II, 13, 2.
88. Cette date nous est connue avec précision grâce à un papyrus de Panopolis *(PBeatty Panopolis*, II ; cf. *supra*, n. 67). Sur ce point, voir, entre autres, Petit (1974 : III, 11) et Barnes (1982 : 4).

Au printemps suivant, Dioclétien pénétra dans les Balkans et affronta Carin, le frère de Numérien, alors empereur d'Occident, qui fut tué lors de la bataille du Margus[89]. À deux reprises, dans le panégyrique de 291, Mamertin semble faire allusion à cette victoire de Dioclétien sur Carin, présentée comme une véritable libération pour l'Empire : l'évocation mythologique des Titans, qui ont tenté de « s'emparer du ciel[90] », paraît suggérer que Carin avait eu lui-même l'intention d'usurper le pouvoir, et c'est apparemment grâce à l'intervention de Dioclétien que « l'État <a pu être> délivré » *(rempublicam liberatam)* de cette « domination tyrannique » *(dominatu saeuissimo)*[91]. Quelques mois plus tard, Dioclétien, manifestant clairement son réalisme politique, s'adjoint un collègue, lui aussi officier, originaire de la Pannonie[92], M. Aurelius Maxi-

---

89. Il fut, semble-t-il, assassiné (cf. Corcoran 1996 : 5 ; Leadbetter 1998 : 214-215).

90. III, 3, 4.

91. III, 5, 3. Si l'on en croit le rédacteur de la *Vie de Carin* (XVI-XVIII), dans l'*Histoire Auguste*, il semble bien que Carin ait été haï de tous, qu'il « était l'individu le plus taré qui eût jamais existé » et qu'au moment où il apprit que Dioclétien avait été proclamé Auguste, « il s'abandonna à des vices et à des forfaits encore plus monstrueux » (cf. *Histoire Auguste*, édition et traduction d'A. Chastagnol, Paris, Robert Laffont, coll. Bouquins, 1994, pp. 1163-1165). Peut-être aussi faut-il comprendre que, dans l'allusion faite à Busiris (III, 3, 6), Mamertin établit une comparaison implicite entre ce « maître cruel » et Carin.

92. On ignore presque tout des origines, de la jeunesse et de l'éducation de Maximien (cf. Pasqualini 1979 : 5-15). Il est né en Pannonie, à Sirmium — où ses parents exerçaient des *opera mercenaria* (cf. *ibid.* · 13) —, peut-être entre 240 et 250, puisque, dans l'*Epitome de Caesaribus* (40, 11), il est précisé qu'il était *sexagenarius* au moment de sa mort par suicide en 310 (cf. *ibid.* : 5-7). Sur les hypothèses émises au sujet du jour de sa naissance, voir *supra*. n. 68 et 82. Maximien fut très tôt formé au métier des armes et fut lié à Dioclétien par une longue amitié, née sur les champs de bataille : tous deux prirent part aux campagnes d'Aurélien (cf. *ibid.* : 13-14).

mianus, qu'il adopte[93], élève au rang de César, probablement le 21 juillet 285[94], et envoie combattre en Gaule afin de réprimer la révolte de certains paysans, les Bagaudes[95], que Mamertin compare aux Géants de la mythologie, qualifiés de *monstra biformia*[96]. Cette victoire remportée sur les Bagaudes[97], sans doute dès la fin de l'été 285[98], est évoquée en un court chapitre, dans le discours de 289, et mentionnée, sous la forme d'une prétérition, dans le discours de 291, mais elle est surtout l'occasion, pour l'orateur, de mettre en évidence deux des « vertus » de Maximien[99], sa *fortitudo*[100] et sa *clementia*[101].

93. À la suite de cette adoption, Maximien reçut le nom d'*Aurelius*.

94. Voir *supra*, n. 60.

95. Le terme *Bagauda* est un mot celtique, formé sur le radical *baga* (ancien irlandais), signifiant « dispute », « combat », auquel est adjoint le suffixe *-auda*, fréquent dans les langues celtiques (voir Seeck 1896 : 2766). En prenant eux-mêmes le nom de « Bagaudes », ces paysans gaulois, révoltés contre l'autorité romaine, se désignent donc en tant que « peuple combatif ».

96. Les Bagaudes, mi-paysans mi-soldats, sont assimilés aux Géants, mi-hommes mi-serpents (cf. II, 4, 3). Sur le processus de « démonisation » de l'ennemi, voir Lassandro (1980 et 1987).

97. Sur la révolte des Bagaudes et la campagne victorieuse de Maximien, voir, par exemple, Seeck (1896 : 2767), O'Reilly (1977) et Drinkwater (1984). Pour une analyse précise des autres sources, qui viennent compléter les données des panégyriques de Mamertin, voir Béla Czuth, « A Bagauda mozgalom történetének forrásai » (« Les sources de l'histoire de la révolte des Bagaudes »), *Antik Tanulmániok*, 20, 1 (1973), pp. 90-109.

98. C'est la datation adoptée par Barnes (1976 : 178 ; 1982 : 57), mais contestée par F. Kolb (*Diocletian und die Erste Tetrarchie : Improvisation oder Experiment in der Organization monarchischer Herrschaft ?* Berlin/New York [Untersuchungen zur antiken Literatur und Geschichte, 27], 1987, pp. 40-41), qui estime plutôt que Maximien mit un terme à la révolte des Bagaudes au cours de l'été 286. Selon Anna Pasqualini, cette campagne était déjà terminée en décembre 285 (1979 : 32), sans doute depuis le début du mois de septembre de la même année (*ibid.* : 35).

99. Sur les vertus impériales, voir Wallace-Hadrill (1981).

100. Voir II, 4, 3.

101. Voir III, 5, 3.

L'année suivante, sans doute au début du mois d'avril[102], Maximien fut proclamé Auguste et, de ce fait, reçut les mêmes titres que Dioclétien : chacun des deux corégents était *pontifex maximus*, investi de l'*imperium* et de la puissance tribunitienne[103]. Comme à l'époque de Pupien et Balbin, de Valérien et Gallien, de Carus et Carin, l'un (Dioclétien) exerça le pouvoir en orient et l'autre (Maximien) en occident. Mamertin, dans son premier discours, énumère les exploits de Maximien – soulignant par là les services qu'il a rendus à l'État et justifiant son élévation au rang de César puis d'Auguste, ainsi que l'épithète d'*Herculius* qu'il reçut, peut-être durant l'été 287[104] –, en les mettant toujours en parallèle avec ceux de Dioclétien – qui prit pour lui-même l'épithète de *Iouius*. Ainsi, encadrant l'évocation de l'entrevue des deux Augustes à Mayence (en 288)[105], comme s'ils en étaient en quelque sorte la caution, se trouvent mentionnés, dans l'ordre chronologique, les hauts faits militaires des deux empereurs : aux victoires de Maximien sur divers peuples germaniques – d'abord sur les Alamans et les Burgondions, ainsi que sur les Chaibones et les Hérules[106] (sans doute durant l'automne 285[107]), puis sur des Germains, le jour même où il inaugure son premier consulat à Trèves (le 1er janvier 287)[108], enfin sur les peuplades d'outre-Rhin[109] –, répondent celles de Dioclétien en Syrie

---

102. Voir *supra*, n. 61.

103. Voir Petit (1974 : III, 11) et Barnes (1982 : 19).

104. Voir *supra*, n. 77. Les exploits de Maximien en Occident sont comparables à ceux d'Hercule lui-même.

105. Voir II, 9, 2-5. Sur la date de cette entrevue, voir Petit (1974 : III, 12) et Barnes (1982 : 51).

106. Voir II, 5, 1-4.

107. Voir Barnes 1982 : 57.

108. Voir II, 6, 1-5.

109. Voir II, 7, 1-7. Cette campagne au-delà du Rhin se déroula probablement sur deux années, entre le printemps 287 et le printemps 288.

(en 287)[110] et en Rétie (en 288, après l'entrevue de Mayence)[111] ; à la soumission du roi franc Gennobaud devant Maximien[112], répond celle du roi des Perses, Bahram II, devant Dioclétien[113] ; aux tentatives concrètes de Maximien[114] pour réprimer la révolte de Carausius[115], sont associées les directives données par Dioclétien, tant il est vrai que si « c'est Dioclétien qui prend les initiatives », c'est Maximien qui « réalise[116] ». Dans le second panégyrique, Mamertin apporte fort peu de compléments historiques : c'est sous la forme d'une longue prétérition que les exploits, énumérés dans le discours de 289, sont rapidement évoqués[117] ; viennent seulement s'y ajouter deux campagnes victorieuses de Dioclétien, l'une menée contre les Sarmates (probablement durant l'été 289[118]), l'autre contre les Sarracènes (sans doute à la fin du printemps 290[119]) ; et c'est une nouvelle réunion des deux Augustes (à Milan, vraisemblablement en janvier 291[120]), véritable gage de leur fraternité et de leur concorde, qui marque le point culminant de la première partie de ce panégyrique[121]. En revanche,

110. Voir II, 7, 5.

111. Voir II, 9, 1.

112. Voir II, 10, 2.

113. Voir II, 10, 6-7.

114. Il s'agit en particulier de la construction d'une flotte, dont la description occupe tout le chapitre XII.

115. Carausius, un Ménape de la région de l'Escaut, avait reçu pour mission, dès 285, sans doute avec le titre de *dux* et le commandement d'une flotte, de protéger les côtes et la Bretagne. En 286, il se révolta et fut acclamé *imperator* par ses soldats. Dioclétien chargea donc Maximien de réprimer toutes les tentatives de Carausius pour usurper le pouvoir (voir Petit 1974 : III, 12-14 ; voir aussi Shiel 1977).

116. II, 11, 6 : « *Diocletianus initium facit, tu tribuis effectum.* »

117. Voir III, 5, 3-4.

118. Voir Barnes 1982 : 51.

119. Voir *ibid.*

120. Sur la date de cette entrevue, voir *supra*, n. 64.

121. Voir III, 8-12.

l'orateur passe sous silence le désastre subi par la flotte que Maximien avait construite, pour réduire Carausius, et qui fut engloutie par la tempête avant même d'avoir appareillé[122] : il se contente, dans la péroraison, de formuler des vœux pour une future victoire navale de Maximien[123].

C'est ainsi que le système dyarchique se trouve justifié par les faits (essentiellement militaires), mais Mamertin lui donne aussi une justification de droit. En insistant, en effet, sur l'esprit de fraternité qui unit les deux corégents[124], l'orateur tend à montrer que leur « accord maintient l'avantage d'une autorité unique[125] ». Car la gémination du pouvoir ne compromet en rien la *concordia*[126], qui se manifeste, de la façon la plus éclatante, à l'occasion des entrevues de Mayence et de Milan[127], même si Maximien est désigné comme le bras qui réalise « les initiatives[128] » de Dioclétien[129]. Et surtout, l'Empire n'est pas à proprement parler divisé, mais au contraire administré comme

122. Voir Petit 1974 : III, 12. Cette issue désastreuse nous est connue grâce au *Panégyrique* IV (12, 2).

123. Voir III, 19, 4 : « *<Bona sidera et amica> etiam naualia trophaea promittunt* » (« <Les constellations bienfaisantes et amies> vous promettent même des trophées navals »).

124. Sur la répétition du terme *fratres* (ou *frater*) dans les deux discours, voir *supra*, n. 71.

125. II, 11, 2 : « *Utilitatem imperii singularis consentiendo retinetis.* »

126. Le terme *concordia*, qui renvoie à un très ancien concept politique romain, est répété à plusieurs reprises dans les deux panégyriques : il apparaît trois fois dans le discours de 289 et trois fois également dans celui de 291 (cf. L'Huillier 1992 : 329-330) ; il semble, en quelque sorte, scander les deux textes.

127. Il n'est pas impossible que ces deux entrevues aient été organisées afin de rassurer l'opinion publique, inquiète pour l'unité de l'Empire.

128. Voir *supra*, n. 116.

129. Mamertin semble comparer le rôle que joua Maximien vis-à-vis de Dioclétien à celui d'Héraklès vis-à-vis de Zeus, lors de la Gigantomachie.

par deux « frères jumeaux », qui géreraient un « patrimoine indivis »[130]. Mamertin saisit également l'occasion
de ces deux discours pour affirmer publiquement le caractère sacré du pouvoir impérial : c'est le destin *(fata)* qui
a doté les deux empereurs de la *pietas* et de la *felicitas*[131],
gages de réussite de la Dyarchie. Et l'entrevue de Milan
est clairement interprétée par le panégyriste comme un
événement religieux : c'est une véritable cérémonie
d'*aduentus* que décrit l'orateur[132], complétant le tableau
par la description d'une *adoratio* rendue aux deux empereurs[133].

Une théologie du pouvoir impérial

Cette expression de l'enthousiasme populaire, tout particulièrement perceptible lors de la cérémonie de l'*aduentus*, relève, certes, de l'enflure oratoire, mais permet surtout de mettre en évidence une certaine conception du
pouvoir divin qu'expriment principalement les notions de
pietas et de *felicitas*. Contrairement aux autres vertus impériales – *fortitudo, continentia, iustitia* et *sapienta*[134] –, qui

130. III, 6, 3 (cf. *supra*, n. 72). Sur les doutes que l'on peut avoir
quant à la gestion égalitaire de ce *patrimonium indiuisum*, voir Leadbetter
1998 : 225-227.

131. Voir III, 19, 2.

132. Voir III, 10, 5. Sur cette cérémonie, voir MacCormack (1972 :
727-728 ; 1975 : 157-158).

133. Voir III, 11, 1-5. Les rites de la proskynèse (génuflexion devant
l'empereur) et de l'adoration de la pourpre (qui consiste à baiser le *palu-
damentum*, manteau de pourpre de l'empereur) devinrent, sous la
Tétrarchie et plus tard, systématiques. Peut-être faut-il voir là l'influence
de l'hommage que reçut Dioclétien du roi des Perses, Bahram II, en 287
(cf. II, 10, 6 ; voir *infra*, *Panégyrique* II, n. 43).

134. Telles sont les quatre vertus énumérées par Mamertin en III,
19, 2. Sur le canon des vertus impériales, voir Wallace-Hadrill (1981 :
300-307).

sont le fruit de l'expérience[135], la *pietas* et la *felicitas*, sur lesquelles se focalise l'attention, dans le discours de 291, sont, quant à elles, innées, véritables « biens naturels de l'âme et présents du destin[136] ». Aussi la présence de ces deux vertus[137] chez les empereurs apparaît-elle comme un révélateur de leur perfection, pour ainsi dire divine. L'*optimus princeps*, tout comme Énée[138], se reconnaît d'abord, en effet, à sa *pietas*, qui se manifeste essentiellement dans ses relations avec les dieux, et, de ce fait, en s'adressant à un destinataire, que tout désigne comme *pius*, l'orateur ne peut que lui faire l'hommage d'un « pieux discours » *(munus pium)*[139]. Quant à la *felicitas*, elle est bien sûr associée aux victoires des deux corégents, et en particulier à celles de Maximien, qui, comme Hercule dont il porte le nom, mérite, sans conteste possible, les épithètes de *Victor* ou d'*Inuictus*[140], mais elle est surtout le juste retour de la *pietas* à l'égard des dieux[141] et trouve sa manifestation la plus évidente dans la prospérité du monde romain, présentée comme un nouvel âge d'or[142] : à la *felicitas* des empereurs répond la *felicitas temporum*[143].

---

135. Voir Wistrand 1987 : 73.

136. III, 19, 2 : « *Naturalia sunt enim animorum bona et praemia fatorum.* »

137. Sur les occurrences des termes *uirtus/uirtutes*, *felicitas* et *pietas*, dans les deux discours de Mamertin, voir L'Huillier (1992 : 329-330).

138. Les réminiscences virgiliennes sont fréquentes dans les deux discours.

139. II, 13, 1 (voir *supra*, p. X). Sur cet « échange » entre la piété impériale et la piété du discours, voir Storch (1972 : 74).

140. Voir *infra*, Panégyrique II, n. 4.

141. *Pietas* et *felicitas* sont, semble-t-il, unies par un système d'échange : leur union « marque l'échange de la victoire et de la piété impériale contre la garantie de la félicité du monde romain » (L'Huillier 1992 : 333) ; en échange de la *pietas* des empereurs à leur égard, les dieux leur accordent la *felicitas*.

142. C'est dans un grand élan d'enthousiasme que Mamertin décrit la *felicitas* de l'Empire en III, 15, 4.

143. Voir Wistrand 1987 : 73.

Ainsi, *felicitas* et *pietas*, ces *praemia fatorum* reçus en partage par Dioclétien et Maximien, attestent à l'évidence de leur ascendance[144] et de leur essence divines : les deux Augustes bénéficient de la faveur des dieux, comme s'ils avaient, en quelque sorte, été choisis par eux[145] ; Jupiter et Hercule non seulement assurent leur protection, mais sont, semble-t-il, « directement intervenus dans leur choix et leur élévation[146] ». Cette nature divine se trouve particulièrement mise en relief par les répétitions insistantes de la formule au vocatif *sacratissime imperator*[147], utilisée par Mamertin quand il s'adresse directement à Maximien[148]. Et, dans ses deux discours, le panégyriste insiste sur la relation particulière qui existe entre le *princeps* et la divinité. L'étude du lexique révèle que la plupart des termes par lesquels l'orateur désigne les deux corégents appartiennent au vocabulaire religieux traditionnel : *caelestis*, *deus/diuus*[149], *diuinitas*, *diuinus*, *maiestas*, *numen* ou *sacer* qualifient indifféremment les dieux et les empereurs[150]. L'*optimus princeps* apparaît donc lui-même comme une divinité, ainsi que le suggère l'emploi

144. En III, 2, 4, Mamertin affirme l'origine divine des deux empereurs : « *Vos dis esse genitos approbatis…* » (« Vous donnez la preuve de votre ascendance divine… »).

145. Sur la notion de *princeps a diis electus* dans les panégyriques latins, voir Fears (1977 : *passim*).

146. L'Huillier 1986 : 547.

147. Sur les occurrences de cette expression dans les deux panégyriques, voir L'Huillier (1986 : 547 et n. 69) et Béranger (1970 : 246 et n. 29 ; dans cette note, Béranger exprime son espoir que l'on puisse un jour trouver mieux que « le banal "très saint" » pour traduire *sanctissime*).

148. Sur ce point, voir Storch (1972 : 73).

149. Sur la synonymie de *deus* et *diuus*, voir Béranger (1970 : 243-245).

150. Diverses études ont été menées sur ce vocabulaire utilisé par Mamertin. Citons principalement celles de Béranger (1970 : 246-247), de Rodgers (1986 : 71-79, et tableaux, pp. 100-104) et de L'Huillier (1992 : 363 ; 369-376).

très fréquent, dans les deux discours, du terme *numen/numina*[151] : la personne impériale est assimilée à son *numen*, et les expressions *numen tuum* ou *numen illius*, de même que *diuinitas* et *maiestas*, sont fréquemment employées à la place de *tu* ou de *ille*[152]. C'est d'ailleurs par le *numen* de Dioclétien – auquel il est « lié par le sang » – que Maximien a « été appelé à rétablir les affaires de l'État[153] ». Il semble donc bien, comme le soulignait Jean Béranger, que « l'homme s'efface derrière son "double", dont il manifeste la puissance »[154], et c'est un véritable hymne en prose que Mamertin adresse, à deux reprises, à Maximien[155]. Par sa parole, le panégyriste reconsacre l'empereur.

Toutefois ce n'est pas à un exposé dogmatique que se livre Mamertin. Il présente plutôt un syncrétisme, assez courant à l'époque, des diverses théories philosophiques et religieuses, vulgarisées par les écoles de rhétorique[156].

---

151. *Numen* apparaît huit fois dans le panégyrique de 289 et cinq fois dans celui de 291 ; *numina* apparaît deux fois dans le discours de 289 et trois fois dans celui de 291. Voir la concordance de Janson (1979 : *s. v.*), ainsi que les tableaux établis par Rodgers (1986 : 104) et par L'Huillier (1992 : 363).

152. Voir Schaefer (1914 : 86-88) et Rodgers (1986 : 72).

153. II, 3, 1 : « ... *Cum ad restituendam rempublicam a cognato tibi Diocletiani numine fueris inuocatus...* ». Sur l'expression *ad restituendam rempublicam*, voir *supra*, p. XXIII.

154. Béranger 1970 : 246. Dans une note (1970 : 246, n. 31), Béranger déplore que «la traduction de Galletier, "par la divinité de Dioclétien", esquive une nuance ». Mais la formule « par la puissance divine de Dioclétien" serait-elle plus heureuse ?

155. L'orateur atteste lui-même que le panégyrique appartient au genre hymnique : « *<Nos hic conuenit>, quidquid spiritus et uocis habeamus, omne id in* laudibus tuis *non occupare modo, sed, si res poscat, absumere ?* » (« <Ne convient-il pas que nous> consacrions à *tes louanges* tout ce que nous pouvons avoir de souffle et de voix, s'il le faut même jusqu'à l'épuisement ? » ; II, 2, 1).

156. C'est l'éclectisme philosophico-religieux qui domine dans ces écoles de rhétorique, hauts lieux de diffusion de la culture, à la fin du IIIe siècle. Sur cette culture et l'influence qu'elle exerça sur Mamertin, voir la très riche étude de Salvatore D'Elia (1962 : 341-353).

Il n'hésite pas, ainsi, à exprimer certaines croyances astrologiques, en particulier en évoquant la « Grande Année » cosmique[157], devenue un *topos* de diverses écoles philosophiques[158] : cette « année parfaite » *(annus mundanus)*, comme la nommera Macrobe[159], est elle-même révélatrice de l'ordre qui régit le monde, puisqu'elle se renouvelle « selon la loi inflexible des temps » *(certa lege temporum[160])*. Ce mouvement ordonné de l'univers influe nécessairement sur la destinée des hommes et le concept de *certa lex temporum* se trouve intrinsèquement lié à celui de l'influence – qui s'exerce dès la naissance[161] – des constellations sur le destin humain : les vertus et les succès des empereurs, ainsi, du reste, que la prospérité de l'Empire, tirent leur origine des « constellations bienfaisantes et amies qui <les> ont vus naître pour le bien du genre humain[162] ». Pourtant le libre arbitre humain n'est pas totalement exclu : la *maiestas* de Dioclétien et de Maximien est précisément qualifiée de *libera*[163]. Mamertin reprend donc à son compte le postulat fondamental de l'astrologie grecque : il existe un rapport de cause à effet, permanent et indiscutable, entre le monde céleste et le monde terrestre[164]. Et, dans le panégyrique de 291, l'orateur souligne à diverses reprises que l'origine de tout réside dans une puissance divine ordon-

---

157. Voir III, 13, 2. Pour une définition de cette « Grande Année », voir *infra*, *Panégyrique* III, n. 57.

158. Voir D'Elia 1962 : 364.

159. *Commentaire au songe de Scipion*, II, XI, 8.

160. III, 13, 2.

161. Voir III, 2, 2.

162. III, 19, 3 : « *Sanctitatis uestrae omniumque successuum manat exordium quod nascentes uos ad opes generis humani bona sidera et amica uiderunt.* »

163. III, 13, 2.

164. Sur les postulats de l'astrologie grecque, voir Auguste BOUCHÉ-LECLERCQ, *L'Astrologie grecque*, Darmstadt, Scientia Verlag Aalen, 1979 (réimpression de l'édition de Paris de 1899).

natrice : Jupiter *(auctor deus)*[165] préserve l'ordre des choses[166], sans pourtant se confondre entièrement avec le *fatum* qu'il ordonne lui-même[167]. C'est d'une telle conception du monde qu'est dérivée l'affirmation de l'origine céleste des âmes des empereurs[168], affirmation dont la démonstration se fait par la preuve de l'éternel mouvement, car « tout ce qui est immortel ignore l'immobilité et c'est par le mouvement perpétuel que se maintient l'éternité »[169]. Ainsi le « mouvement perpétuel » de Dioclétien et de Maximien, leur constante activité, démontre sans ambiguïté leur nature divine. Il s'agit là de motifs platoniciens, mis en œuvre essentiellement par le relais du *Songe de Scipion* et des *Tusculanes* de Cicéron[170]. Ce qui, en outre, distingue les âmes des princes, qui « ont la nature du feu et l'immortalité » *(igneae immortalesque mentes),* de celles des hommes du commun, c'est qu'elles « ne ressentent en aucune façon l'obstacle des corps » *(minime sentiunt corporum moras)*[171] : aucune contrainte corporelle ne peut entraver la *uelocitas* de leur *mens*[172].

L'essence divine des empereurs est également justifiée par le recours implicite aux concepts de dieu cosmique[173]

---

165. III, 3, 4. D'après le contexte, le terme *auctor* signifie ici que Jupiter est à l'origine de la lignée de Dioclétien. Mais il signale aussi la subordination de l'empereur à la divinité dont il est issu (cf. Béranger 1970 : 247).

166. Voir III, 3, 3-4.

167. Selon l'orateur, Jupiter « ne laisse pas pour autant de régler les destins » (« *nihilominus tamen et fata disponit…* » ; III, 3, 5).

168. C'est ce que Mamertin affirme en III, 6, 4-5 (« *animas uestras caelestes et sempiternas* » ; « *uester immortalis animus* »).

169. III, 3, 2 : « *Quidquid immortale est, stare nescit sempiternoque motu se seruat aeternitas.* »

170. Sur ce point, voir *infra, Panégyrique* III, n. 12.

171. III, 8, 5.

172. Cette opposition entre l'âme et le corps, conçu comme une prison, trouve également sa source chez Platon. Sur ce point, voir D'Elia (1962 : 368).

173. Sur cette notion, voir l'étude capitale du R. P. André-Jean Festugière, *La Révélation d'Hermès Trismégiste*, tome II : *Le Dieu cosmique*, Paris, Les Belles Lettres, 1983.

et de divinité immanente. Mamertin n'hésite pas à élaborer sa théologie impériale à partir d'une double référence à Virgile : non seulement il cite un vers des *Bucoliques* (III, 60) – « Tout est plein de Jupiter[174] » –, mais, dans la même phrase, il paraphrase également les vers de l'*Énéide* relatifs à l'intelligence divine infuse dans tout l'univers[175], ce qui, dès lors, le conduit à conclure qu'il n'y a rien d'« étonnant à ce que ce monde, puisqu'il peut être plein de Jupiter, puisse l'être aussi d'Hercule[176] ». Ainsi s'exprime une sorte de panthéisme stoïcien mêlé de déisme platonico-aristotélicien[177] : la divinité est transcendante ; *numen* et *mens* sont des émanations de cette divinité, sans pour autant impliquer l'immanence de Jupiter. La divinité suprême, Jupiter, est donc une essence (*ousia*, selon la terminologie grecque) qui occupe « le plus haut sommet du ciel » *(summum caeli uerticem)*, mais elle est aussi une puissance agissante (*dunamis*, selon la terminologie grecque), dont le *numen* et la *mens* sont « infus dans tout l'univers » *(toto infusa est mundo)*[178]. Par ce double postulat, se trouve résolue l'opposition entre la divinité-esprit et le monde-matière.

---

174. III, 14, 2 : « " *Iouis omnia plena* " ».

175. Voir *Énéide*, VI, 726-727 : « *Totamque infusa per artus / mens agitat molem et magno se corpore miscet* » (« Répandu dans les membres du monde, l'esprit en fait mouvoir la masse entière et transforme en s'y mêlant ce vaste corps » ; texte établi par H. Goelzer et traduit par A. Bellessort, Paris, Les Belles Lettres, C. U. F., tome I, 1967¹³, p. 191). Mamertin adapte ainsi : « *Numen tamen eius ac mentem toto infusam esse mundo* » (« <Il considérait que> la divinité <de Jupiter> du moins et sa pensée sont infuses dans tout l'univers » ; III, 14, 2). Chez Mamertin, le terme *mens* est associé à Jupiter et *numen* a remplacé *spiritus* (c'est-à-dire le souffle qui traverse la matière pour l'animer).

176. III, 14, 4 : « *Quid enim mirum si, cum possit hic mundus Iouis esse plenus, possit et Herculis ?* »

177. Voir D'Elia 1962 : 376.

178. C'est le même postulat qu'exprime Apulée dans le *De mundo* (adaptation latine du *Peri Kosmou*, traité pseudo-aristotélicien), 27 : « Aussi faut-il penser que <dieu> ne peut mieux préserver sa dignité et sa majes-

C'est aussi par l'intermédiaire de divinités secon-
daires – catégorie à laquelle appartiennent les empereurs –,
que se manifeste le dieu suprême : ce sont les manifestations visibles de l'intelligence divine, du *nous* divin (selon
la terminologie grecque). Il existe, en effet, une hiérarchie
dans l'ordre divin : le dieu suprême ne gouverne pas
directement le monde, mais il fait exécuter ses décisions
par un démiurge qui procède de lui[179]. Car « tous les biens
que nous procurent le ciel et la terre ont beau nous paraître
dus à l'intervention de diverses divinités *(diuersorum
numinum),* ils proviennent *(prouenire)* cependant des divinités souveraines *(a summis auctoribus),* de Jupiter maître
du *ciel (Ioue rectore caeli)* et d'Hercule pacificateur de
la terre *(Hercule pacatore terrarum)* »[180]. L'empereur apparaît donc comme un démiurge qui « provient » de la « divinité souveraine » ; il est, comme les astres, par exemple,
une divinité intermédiaire entre le « maître du ciel » et
l'homme. Ainsi Dioclétien et Maximien sont des *diuersa
numina,* constamment en liaison avec les *summi auctores* transcendants[181].

Mais, en fait, la situation est rendue plus complexe
encore par l'existence du système dyarchique, qui impose
une hiérarchie supplémentaire : puisque coexistent un

té qu'en trônant lui-même au lieu le plus élevé et en répartissant ses pou-
voirs à travers toutes les parties du monde et de l'univers… » *(Du monde,*
in *Opuscules philosophiques,* traduction de J. Beaujeu, Paris, Les Belles
Lettres, C. U. F., 1973, p. 146). Sur les rapports entre les panégyriques de
Mamertin et le *De mundo,* voir D'Elia (1962 : 377-380).
    179. Telle est la théorie développée par Platon (par exemple, dans
le *Timée,* 40a-b) et reprise par Apulée, dans le *De Platone et eius dog-
mate* (I, 12) et dans le *De deo Socratis* (1 [115-116]). Mamertin reprend
à son compte des théories et des motifs platoniciens, vulgarisés dans
les écoles de rhétorique à l'époque impériale.
    180. II, 11, 6.
    181. On peut voir de nombreux points de concordance entre la hiérarchie
des êtres divins, telle qu'elle est définie par Apulée, et celle évoquée par
Mamertin. Voir le tableau comparatif établi par D'Elia (1962 : 383-385).

empereur *Iouius* et un empereur *Herculius*, il est, dès lors, nécessaire de préciser la position qu'ils occupent l'un par rapport à l'autre. Mamertin définit clairement Jupiter comme le « maître du ciel » et Hercule comme le « pacificateur de la terre », c'est-à-dire que Jupiter est conçu en tant que *deus parens* – il est, du reste, selon Mamertin, « le divin fondateur, le père » *(caelestis conditor uel parens)* du *genus* des empereurs[182] –, et Hercule en tant que démiurge et hypostase du dieu-père. Dans l'ordre des *diuersa numina*, c'est le même schéma qui est reproduit : Dioclétien, qui, d'ailleurs, a Jupiter pour *auctor deus*[183], est désigné comme le *numen* « qui prend les initiatives » *(initium facit)* et Maximien comme celui « qui réalise » *(tribui<t> effectum)*[184], c'est-à-dire que Dioclétien est considéré comme le *nutus* et Maximien comme l'*actor*. Les deux corégents apparaissent donc comme deux substances distinctes, des hypostases[185] momentanément incarnées, d'un seul *numen*. Ils sont tous deux dotés d'une double nature, à la fois humaine et divine, comme l'affirme nettement Mamertin : « On invoquait de près *(cominus inuocari)* Jupiter, non pas celui que la légende nous a transmis, mais visible et présent *(conspicuus uel praesens)* ; on adorait *(adorari)* un Hercule qui n'était point un étranger, mais l'empereur *(imperator)*[186] ! » Aux expressions *Iuppiter inuocari* et *Hercules adorari*, qui révèlent l'essence divine des deux Augustes, sont intrinsèquement unis les termes *praesens*[187], *conspicuus* et *imperator*, qui

182. III, 3, 2.

183. III, 3, 4.

184. II, 11, 6.

185. Il semble assez clair qu'en III, 16, 2, les deux Augustes sont présentés comme des hypostases du « vénérable Jupiter » et du « bienveillant Hercule » (cf. L'Huillier 1986 : 547).

186. III, 10, 5.

187. L'expression *te praesentem intuemur deum* (II, 2, 1), qui s'adresse à Maximien, révèle elle aussi, par l'association des termes *praesens* et *deus*, la double nature de l'empereur.

mettent en évidence leur humanité : le divin et l'humain
sont réunis en chacune des deux personnes impériales, qui
sont les manifestations visibles et les ministres de la divinité transcendante qui, elle-même, en tant qu'essence,
est au-delà du monde.

Ainsi, dans ses deux discours, Mamertin se fait l'écho
d'un certain nombre de conceptions philosophiques, héri-
tées en particulier du platonisme et essentiellement trans-
mises par les maîtres des écoles de rhétorique qui, à l'époque
impériale, pratiquaient volontiers un éclectisme philoso-
phique teinté de religiosité. Mais, parfois, l'orateur laisse
aussi entrevoir que ces conceptions sont fondées sur des
réminiscences littéraires de Cicéron et de Virgile (dont l'influence est particulièrement sensible à la fin du IIIe siècle,
et durant le siècle suivant[188]), eux-mêmes influencés par des
œuvres philosophiques antérieures. À la lecture des deux
panégyriques, il paraît donc assez clair que Mamertin prend
à son compte diverses croyances, postulant, par exemple,
« la loi inflexible des temps »[189] selon laquelle se renouvelle
la Grande Année cosmique, l'influence des constellations
sur la destinée du monde et des hommes, l'origine céleste
des âmes des empereurs qui se distinguent nettement de
celles des hommes du commun, l'existence d'une intelligence divine souveraine, infuse dans tout l'univers par l'intermédiaire de *diuersa numina*, tels que les astres ou les
empereurs, qui apparaissent comme des *numina* incarnés.
Le système dyarchique se trouve donc doublement justifié :
les deux empereurs, d'essence divine, sont des émanations
du *nous* divin, qui ainsi s'incarne dans deux hypostases,
l'une, jovienne, jouant le rôle du *nutus* et l'autre, herculienne,
celui de l'*actor*, et qui, par leur intermédiaire, infuse sa
puissance à l'ensemble du cosmos.

188. Voir D'Elia 1962 : 389.
189. III, 13, 2.

PANÉGYRIQUES
DE MAXIMIEN

II (10)

MAMERTINI PANEGYRICVS MAXIMIANO
AVGVSTO DICTVS

I. [1]Cum omnibus festis diebus, sacratissime imperator, debeat honos uester diuinis rebus aequari, tum
praecipue celeberrimo isto et imperantibus uobis lae-
tissimo die ueneratio numinis tui cum sollemni sacrae
urbis religione iungenda est. [2]Verum est enim profecto quod de origine illius ciuitatis accepimus, pri-
mam in ea sedem numinis uestri, sanctum illud uene-
randumque palatium, regem aduenam condidisse, sed
Herculem hospitem consecrasse. [3]Neque enim fabula est
de licentia poetarum nec opinio de fama ueterum saecu-
lorum, sed manifesta res et probata, sicut hodieque tes-
tatur Herculis ara maxima et Herculei sacri custos familia Pinaria, principem illum tui generis ac nominis

---

1. Le terme *numen*, qui apparaît à diverses reprises dans ce
Panégyrique, ainsi que dans le suivant, désigne précisément la « puissance divine » (cf. *supra*, Introduction, p. XXXV).

2. La périphrase *rex aduena* désigne Énée. Selon la tradition, rap-
portée par Virgile (*Énéide*, VIII, 337-365), c'est Évandre, établi à
Pallantée — site connu sous le nom de Palatin, colline sur laquelle
Auguste établira le palais des Césars — qui accueille Énée et lui fait
découvrir l'emplacement de la future cité de Rome.

3. Maximien reçut le titre d'*Herculius* en 287 (cf. *supra*,
Introduction, p. XXI-XXII).

4. L'autel d'Hercule, l'*Ara Maxima*, se dressait sur le Forum
Boarium (« marché aux bestiaux »). Hercule y était vénéré comme dieu

II (10)

Panégyrique de Mamertin
en l'honneur de Maximien Auguste

Exorde   I. Bien qu'à chaque jour de fête, très saint empereur, ce soit un devoir de vous rendre des honneurs égaux à ceux dont on entoure les dieux, c'est surtout en ce jour solennel et, sous votre principat, tout d'allégresse, que l'hommage dû à ta divinité[1] doit s'allier au culte rendu chaque année à la cité sainte. Oui, c'est une tradition véridique que nous avons reçue touchant l'origine de cette ville et qui veut que le premier siège de votre divinité, cet auguste et vénérable palais, y ait été établi par un roi étranger[2], mais consacré par l'hospitalité offerte à Hercule[3]. Ce n'est point là une fable issue de la fantaisie des poètes ni une croyance fondée sur les dires des siècles antiques, c'est un fait évident et avéré, comme l'attestent encore aujourd'hui le grand autel d'Hercule[4] et la famille Pinaria[5],

---

de la victoire *(Hercules Victor* ou *Inuictus)* et des entreprises commerciales. Sur l'Hercule de l'Ara Maxima, voir Bayet 1926 : 297-321 ; sur l'Hercule de la Porta Trigemina, voir *ibid.* : 275-296.

5. Deux anciennes familles patriciennes du Latium, les Potitii et les Pinarii, furent consacrées au culte d'Hercule à Rome (cf. Tite-Live, I, 7). Ce culte, interdit aux femmes, demeura un privilège de ces deux *gentes* jusqu'en 312 av. J.-C., puis fut assuré par des esclaves publics (cf. Tite-Live, IX, 29). À l'époque où écrit Mamertin, la famille *Pinaria* s'est vraisemblablement éteinte : le dernier représentant officiellement attesté de cette *gens* semble avoir vécu sous Trajan. La formule « *et Herculei sacri custos familia Pinaria* » est une citation presque exacte d'un vers de l'Énéide (VIII, 270) : « *Et domus Herculei custos Pinaria sacri.* »

Pallantea moenia adisse uictorem et, parua tunc licet re-
gia, summa tamen religione susceptum futurae maiestatis dedisse primordia, ut esse posset domus Caesarum
quae Herculis fuisset hospitium. ⁴Iure igitur hoc die
quo immortalis ortus dominae gentium ciuitatis uestra pietate celebratur, tibi potissimum, imperator
inuicte, laudes canimus et gratias agimus, quem similitudo ipsa stirpis tuae ac uis tacita naturae ad ho-
norandum natalem Romae diem tam liberalem facit ut
urbem illam sic colas conditam, quasi ipse condide-
ris. ⁵Reuera enim, sacratissime imperator, merito quiuis te tuumque fratrem Romani imperii dixerit condi-
tores : estis enim, quod est proximum, restitutores et,
sit licet hic illi urbi natalis dies, quod pertinet ad originem populi Romani, uestri imperii primi dies sunt
principes ad salutem.

6. Cette évocation des origines du culte d'Hercule à Rome (cf. Bayet
1926) est imprégnée de nombreuses réminiscences du chant VIII de
l'*Énéide* : Évandre raconte à Énée (vv. 184-275) l'histoire d'Hercule qui,
de retour des confins de l'occident, après avoir délivré le monde du monstrueux Géryon, est reçu à Pallantée (cf. *supra*, n. 2) et ne craint pas d'affronter
l'infernal Cacus, fils de Vulcain. Ce mythe d'Hercule et de Cacus est très
probablement d'origine romaine et destiné à expliquer la présence de
l'autel d'Hercule sur le Forum Boarium. Pour de plus amples détails sur
la place de Cacus dans la légende d'Hercule, voir Bayet 1926 : 203-236.

7. Conformément à la tradition, le *Natalis Romae* (« jour natal de
Rome ») était célébré le 21 avril, jour où se déroulaient également les
Palilia (ou *Parilia*), fêtes en l'honneur de Palès, divinité des troupeaux
et des bergers (cf. Ovide, *Fastes*, IV, 721-862).

gardienne du culte d'Hercule, que ce héros, le premier
de ta race et de ton nom, pénétra, chargé de victoires, dans
les murs de Pallantée, qu'il y fut accueilli, malgré la pauvreté de la maison royale d'alors, avec les plus grands
égards et qu'il y jeta les fondements de sa grandeur future, afin que le toit où Hercule avait reçu l'hospitalité pût
être un jour la demeure des Césars[6]. Il est donc juste qu'en
ce jour où votre piété célèbre la naissance de l'immortelle
cité, maîtresse des nations, nous chantions tes louanges et
te rendions grâces, à toi entre tous, invincible empereur,
qui, pour fêter le jour natal de Rome[7], puises, dans la com-
munauté de tes origines et un secret instinct de nature, une
telle générosité de sentiments, que tu célèbres sa fondation comme si toi-même en étais le fondateur. À vrai dire,
très saint empereur, on aurait raison de vous déclarer,
ton frère et toi[8], les fondateurs de l'empire romain : vous
en êtes en effet, ce qui revient presque au même, les sauveurs[9], et ce jour a beau être pour cette ville un jour de
naissance, en ce qui concerne l'origine du peuple romain,
les premiers jours de votre gouvernement demeurent, pour
ce qui est de son salut, la date capitale.

8. Quand, en avril (ou septembre ?) 286, Maximien fut élevé au rang
d'Auguste, il eut les mêmes titres que Dioclétien et l'Empire fut partagé
(cf. *supra*, Introduction, p. XXVI). Puis, lorsqu'en 287 Maximien reçut le
titre d'*Herculius* et que Dioclétien prit celui de *Iouius* (cf. *supra*, Introduction,
p. XXI-XXII ; XXVI), les deux empereurs furent, dès lors, considérés
comme des frères jumeaux : Mamertin parlera lui-même de *geminus na-*
talis dans son second discours (cf. III, 1, 1), dans lequel il célèbre le cinquième anniversaire de cette double titulature — si, du moins, nous per-
sistons à lire *geminus* et non *genuinus* (cf. *supra*, Introduction, p. XIX-XXI).
9. Le terme *restitutores* (cf. *supra*, Introduction, p. XXIII), qui
qualifie à la fois Dioclétien et Maximien, semble particulièrement adé-
quat pour rappeler que les deux empereurs eurent à faire face, chacun
dans sa partie de l'Empire, à divers soulèvements et invasions et qu'ils
surent « restaurer » l'autorité de Rome dans ces provinces.

II. [1]Quare si nunc Romae omnes magistratus et pontifices et sacerdotes iuxta parentes urbis et statores deos Herculis templa uenerantur, quia partam aliquando ex uictoria praedam a flumine Hibero et conscio occidui solis oceano ad pabula Tyrrhena compulerit et in Palatino iugo uenturo tibi reliquerit uestigia, quanto tandem studio nos hic conuenit, qui te praesentem intuemur deum toto quidem orbe uictorem, sed nunc cum maxime in eadem occidentis plaga non pastorem trino capite deformem, sed prodigium multo taetrius opprimentem, quidquid spiritus et uocis habeamus, omne id in laudibus tuis non occupare modo, sed, si res poscat, absumere? [2]Vnde igitur ordiar? Commemorabor nimirum patriae tuae in rem publicam merita? Quis enim dubitat quin multis iam saeculis, ex quo uires illius ad Romanum nomen accesserint, Italia quidem sit gentium domina gloriae uetustate, sed Pannonia uirtute? [3]An diuinam generis tui originem recensebo, quam tu non modo factis immortalibus, sed etiam nominis successione testaris? [4]An quemadmodum educatus institutusque sis praedicabo

10. Le début de ce chapitre II, tout comme les paragraphes 2-3 du chapitre I, est nourri de souvenirs du chant VIII de l'*Énéide* (cf. *supra*, n. 2 et 6).

11. Ce « monstre », comparé à Géryon — le berger géant à trois têtes (ou à trois corps) —, parfois identifié à tort aux Bagaudes — déjà soumis, peut-être depuis l'été 285 —, ne peut être que Carausius (cf. *supra*, Introduction, p. XXVII), contre lequel Maximien est toujours en lutte en 289, comme le souligne le participe présent *opprimentem*.

II. C'est pourquoi si aujourd'hui, à Rome, tous les magistrats, les pontifes et les prêtres honorent les temples
d'Hercule au même titre que ceux des dieux pères et gar-
diens de la cité, parce que, depuis les rives de l'Hèbre, depuis l'Océan, témoin du coucher du soleil, il poussa devant lui le butin jadis acquis par la victoire jusqu'aux
pâturages d'Étrurie, et parce qu'il laissa sur le mont Palatin
des traces de son passage en faveur de ton établissement
futur, avec quelle ferveur ne convient-il pas que nous,
ici, qui contemplons ta divinité présente, victorieuse sans
doute par toute la terre, mais triomphant aujourd'hui surtout, en ces mêmes régions de l'occident, non point du hi-
deux berger aux trois têtes[10] mais d'un monstre[11] beaucoup plus affreux, nous consacrions à tes louanges tout ce
que nous pouvons avoir de souffle et de voix, s'il le faut
même, jusqu'à épuisement ? Par où donc commencer ?
Sans doute rappellerai-je les mérites de ta patrie envers
l'empire ? Qui doute que depuis bien des siècles déjà,
depuis que sa puissance s'est incorporée au nom romain,
si l'Italie est, par l'ancienneté de sa gloire, la maîtresse
des nations, la Pannonie[12] le soit par la vaillance ? Dirai-
je l'origine divine de ta famille qu'attestent non seulement
tes exploits immortels mais encore le nom dont tu as
hérité[13] ? Louerai-je la façon dont tu as été élevé et ins-

12. La Pannonie, contrée de l'Europe centrale entre le Danube et
le Norique (correspondant à l'ouest de l'actuelle Hongrie et à une partie
de l'ex-Yougoslavie), habitée par des Illyriens puis par des Celtes et des
Boïens, devint province romaine en 9 ap. J.-C. et fut divisée en Pannonie
supérieure et Pannonie inférieure. Plusieurs empereurs illyriens dirigè-
rent l'empire romain dans la seconde moitié du IIIe siècle et au début
du IVe siècle : Maximien et Probus étaient nés à Sirmium (capitale de
la Pannonie inférieure, aujourd'hui Mitrovica), Dèce et Aurélien étaient
originaires des environs de Sirmium, Dioclétien des environs de Salone
(aujourd'hui Split), Constantin le Grand de Naïsse (aujourd'hui Niš), en
Mésie, et son fils, Constance II, de l'Illyrie.
13. En 285, Maximien reçoit le titre de César, puis, en avril (ou
septembre) 286, celui d'Auguste (cf. *supra*, n. 8).

in illo limite, illa fortissimarum sede legionum, inter
discursus strenuae iuuentutis et armorum sonitus tuis
uagitibus obstrepentes? ⁵Finguntur haec de Ioue, sed
de te uera sunt, imperator. An tuas res gestas enu-
merare conabor, quae te prima signa imperatoriis
auspiciis inaugurarint, quae castra dominum habi-
tura susceperint, quae bella diduxerint, q — uictoriae
auxerint? ⁶Ibo scilicet uirtutis tuae uestigiis colli-
gendis per totum Histri limitem perque omnem qua
tendit Eufraten et ripas peragrabo Rheni et litus
oceani? ⁷Sed qui uelit omnia ista complecti, saecula
sibi optare debet et innumerabiles annos et quantam
tu mereris aetatem.

III. ¹Faciam igitur compendio orationis meae, sed
damno uoluntatis, quod huic tempori maxime con-
gruit; omittam cetera et potissimum illud arripiam
quod multis fortasse mirum uidebitur et tamen re
ipsa uerissimum est : te, cum ad restituendam rem
publicam a cognato tibi Diocletiani numine fueris

---

14. Dans les provinces danubiennes, menacées de façon presque
permanente par les barbares, l'esprit guerrier s'était conservé et était
constamment entretenu par une éducation militaire fort rude. Nous en
savons fort peu sur la jeunesse et la formation de Maximien : il semble
avoir été instruit comme soldat dans les armées d'Aurélien et de
Probus, de même que les collègues avec lesquels, un peu plus tard, il
partagera la Tétrarchie (cf. Aurélius Victor, *Livre des Césars*, 39, 28 ;
voir *supra*, Introduction, n. 92).

15. Il s'agit ici d'une allusion à l'enfance de Zeus, traditionnellement assimilé à Jupiter : selon ce qui est probablement le plus ancien
des mythes, Zeus fut élevé en Crète ; afin de le soustraire à la glouton-

truit sur cette frontière[14], dans ce séjour des légions les
plus vaillantes, au milieu des manœuvres d'une jeunesse
intrépide, dans le tumulte des armes qui couvrait tes vagissements ? Fictions que tout cela, quand il s'agit de
Jupiter[15], mais vérités en ce qui te concerne, empereur.
Essaierai-je d'énumérer tes exploits, de dire quelle a été
la première expédition, conduite sous tes auspices et ton
autorité suprême, quels camps ont accueilli celui qui de-
vait y commander, quelles guerres t'ont entraîné ici et là,
quelles victoires ont grandi ta renommée ? Irai-je par
exemple rechercher les traces de ta valeur tout le long de
la frontière du Danube et sur tout le cours de l'Euphrate,
parcourrai-je les bords du Rhin et le rivage de l'Océan[16] ?
Qui voudrait exposer toutes tes actions devrait souhaiter
pour lui des siècles, des années innombrables, une existence aussi longue que celle que tu mérites.

Proposition   III. Je ferai donc, pour abréger mon
                   discours, mais contre mon gré, ce qui
convient le mieux à la circonstance : laissant tout le reste
de côté, je m'attacherai de préférence à démontrer une
chose qui paraîtra peut-être extraordinaire à beaucoup de
gens et qui pourtant est la vérité même, c'est qu'au moment où, par la divinité de Dioclétien ton alliée, tu as été

nerie infanticide de son père Cronos (Saturne), sa mère Rhéa le cacha
dans une grotte du mont Dicté (ou du mont Ida), où il fut protégé par
les Courètes qui, pour couvrir ses vagissements, exécutaient de fort
bruyantes danses guerrières, au son des cymbales et des crotales, tout
en entrechoquant leurs armes.
16. Les quatre lieux mentionnés dans cette phrase rappellent la
situation très critique dans laquelle se trouvait l'empire romain au
moment où Maximien fut élevé au rang d'Auguste : révoltes des
Bagaudes en Gaule et usurpation de Carausius en Bretagne, invasions
des barbares du Rhin et du Danube, razzias des Bédouins saracènes du
désert de Syrie, qui exerçaient leur activité caravanière entre l'Euphrate
et le Nil. Peut-être, en fait, l'évocation de l'Euphrate a-t-elle pour seule
fonction ici de signaler que Maximien avait servi en Mésopotamie sous
Carus (cf. Barnes 1982 : 33).

inuocatus, plus tribuisse beneficii quam acceperis.
Neque enim specie tenus ac nomine fortuna imperii
consideranda est. ²Trabeae uestrae triumphales et
fasces consulares et sellae curules et haec obsequio-
rum stipatio et fulgor et illa lux diuinum uerticem
claro orbe complectens uestrorum sunt ornamenta
meritorum pulcherrima quidem et augustissima ; ³sed
longe illa maiora sunt quae tu impartito tibi imperio
uice gratiae rettulisti : admittere in animum tantae
rei publicae curam et totius orbis fata suscipere et
oblitum quodammodo sui gentibus uiuere et in tam
arduo humanarum rerum stare fastigio, ex quo ueluti
terras omnes et maria despicias uicissimque oculis ac
mente collustres ubi sit certa serenitas, ubi dubia
tempestas, qui iustitiam uestram iudices aemulentur,
qui uirtutis uestrae gloriam duces seruent, ⁴accipere
innumerabiles undique nuntios, totidem mandata di-
mittere, de tot urbibus et nationibus et prouinciis
cogitare, noctes omnes diesque perpeti sollicitudine
pro omnium salute transigere.

IV. ¹Haec omnia cum a fratre optimo oblata susce-
peris, tu fecisti fortiter, ille sapienter. ²Neque enim
cum reipublicae nauem secundus a puppi flatus impel-
leret, salutarem manum gubernaculis addidisti, sed
cum ad restituendam eam post priorum temporum
labem diuinum modo ac ne id quidem unicum suffi-

appelé à rétablir les affaires de l'État, tu as rendu plus de services que tu n'as été toi-même obligé. Ce n'est en effet ni par la seule apparence ni par le titre qu'il faut juger de la condition impériale. Vos tuniques triomphales, les faisceaux consulaires, les sièges curules, ce cortège éclatant de courtisans, cette lumière qui ceint votre tête divine d'un nimbe resplendissant[17], ce sont les ornements magnifiques et vénérables qui sont dus à vos mérites. Mais combien plus grands sont les services qu'à titre de reconnaissance tu as en retour rendus, quand on t'eut fait part de l'empire ! Il s'agissait de prendre à cœur la direction d'un État si considérable, de se charger de la destinée du monde entier, de s'oublier pour ainsi dire soi-même et de vivre pour les peuples, de se tenir si haut, au faîte de la puissance humaine, d'où l'on pût voir en quelque sorte à ses pieds toutes les terres et toutes les mers et observer tour à tour des yeux et de l'esprit les lieux où le beau temps est assuré et ceux où menace la tempête, les gouverneurs qui cherchent à égaler votre justice, les chefs qui maintiennent la renommée de votre vaillance, de recevoir de partout d'innombrables courriers, d'expédier autant de dépêches, de penser à tant de villes, de nations, de provinces, de passer toutes les nuits et tous les jours dans le souci continuel du salut commun.

I. L'affaire des Bagaudes

IV. Quand tu as accepté toutes ces obligations de la main du meilleur des frères, tu as donné la mesure de ton courage et lui, de sa sagesse. Tu n'as pas, en effet, mis au gouvernail ta main salutaire à un moment où le navire de l'État avait vent favorable en poupe, mais à l'heure où, pour redresser la situation après l'effondrement des temps passés, il ne fallait rien de moins qu'un secours divin et

17. Sur les monnaies, la tête des empereurs romains était traditionnellement nimbée d'une couronne radiée. Ce type de halo est, depuis le temps des poèmes homériques, le signe du pouvoir divin.

ceret auxilium, praecipitanti Romano nomini iuxta
principem subisti eadem scilicet auxilii opportunitate
qua tuus Hercules Iouem uestrum quondam terrige-
narum bello laborantem magna uictoriae parte iuuit
probauitque se non magis a dis accepisse caelum
quam eisdem reddidisse. ³An non illud malum simile
monstrorum biformium in hisce terris fuit quod tua,
Caesar, nescio utrum magis fortitudine repressum sit
an clementia mitigatum, cum militaris habitus ignari
agricolae appetiuerunt, cum arator peditem, cum
pastor equitem, cum hostem barbarum suorum cul-
torum rusticus uastator imitatus est ? ⁴Quod ego cur-
sim praetereo : uideo enim te, qua pietate es, obliuio-
nem illius uictoriae malle quam gloriam.

V. ¹Quid uero ? Statim, uixdum misero illo furore
sopito, cum omnes barbarae nationes excidium uniuer-
sae Galliae minarentur neque solum Burgundiones et

18. Dans la mythologie grecque, les Géants sont des êtres monstrueux d'une taille gigantesque, mi-hommes, mi-serpents — Ovide les
nomme *anguipedes* (*Métamorphoses*, I, 184) ou *serpentipedes* (*Tristes*,
IV, 7, 17) —, conçus, selon Hésiode, du sang d'Ouranos. Dans les
légendes posthomériques, ils se rebellent contre Zeus et les dieux de
l'Olympe qui, après avoir fait appel à Héraklès, leur infligent une sévè-
re défaite à Phlégra.

19. L'expression *monstrorum biformium*, qui qualifie les Géants, est
reprise dans le discours de 291 (cf. III, 3, 4). Elle permet ici d'établir une
comparaison entre les Géants et les Bagaudes, brigands mi-paysans, mi-
soldats — ainsi que l'explique l'orateur à la fin de ce paragraphe —, qui

où l'assistance d'un dieu unique n'était pas même suffisante, tu as, au côté du prince, étayé la puissance romaine
qui croulait, avec autant d'opportunité que ton ancêtre
Hercule prêta main-forte jadis à votre souverain Jupiter,
au milieu des difficultés de la guerre des Géants[18], prit une
large part à la victoire et prouva ainsi qu'il avait rendu le
ciel aux dieux plutôt qu'il ne l'avait reçu d'eux. N'était-
il pas semblable à ces monstres aux doubles formes[19], ce
fléau qui s'abattit sur notre pays[20] et dont je ne saurais
dire, César, s'il fut plutôt maîtrisé par ton courage ou apaisé
par ta clémence, quand des paysans ignorant tout de l'état
militaire se prirent de goût pour lui, quand le laboureur se
fit fantassin et le berger, cavalier, quand l'homme des
champs portant la dévastation dans ses propres cultures
prit exemple sur l'ennemi barbare ? Je passe en hâte sur
cet épisode : je vois en effet que ta bonté aime mieux oublier cette victoire que s'en glorifier.

II. La lutte contre les Germains	**Automne 285.** V. Mais quoi ? à peine calmé ce déplorable accès de fureur, alors que tous les peuples barbares

menaçaient la Gaule entière de la destruction et que, avec
les Burgondions et les Alamans, les Chaibones et les

---

ravageaient la Gaule et contre lesquels Maximien commença à guerroyer
en 285 (cf. *supra* Introduction, p. XXV). Cette même assimilation se re-
trouve dans un groupe sculpté du IIIe siècle, retrouvé en 1878 à Merten, en
Lorraine. Cette représentation correspond au processus, bien connu et ca-
ractéristique de la culture et de la mentalité gallo-romaines de la fin du
IIIe siècle, de démonisation de l'ennemi (cf. Lassandro 1987 : 77-87). Ces
monstra biformia sont également présents au revers de certains aurei de
Dioclétien et Maximien portant à l'exergue les trois lettres IAN (cf. Loriot
1981 : 89-90).

    20. Sur l'utilisation, par Mamertin, du démonstratif *hic*, voir *supra*,
Introduction. p. XVI-XVII.

Alamanni, sed etiam Chaibones Erulique, uiribus
primi barbarorum, locis ultimi, praecipiti impetu in
has prouincias irruissent, quis deus tam insperatam
salutem nobis attulisset, nisi tu adfuisses ? ²Tu enim
diuinae prouidentiae, imperator, consilio prius quam
ui bellum gerendum ratus ceteros quidem perduelles,
quibus ipsa multitudo pestifera *erat*, ire passus es
in profundam famem et ex fame *in* pestilentiam, mox
ad triumphi ornamenta capienda militum manibus usu-
rus, Chaibonas tamen Erulosque non dignatus pari
astu perdere atque ut interim diuina uirtus tua exer-
citatione solita non careret aperto Marte atque uno
impetu perculisti, non uniuerso ad id proelium usus
exercitu, sed paucis cohortibus. ³Quid enim opus erat
multitudine, cum ipse pugnares, ipse omnibus locis
totaque acie dimicares, ipse hosti undique, et qua
resisteret et qua cederet et qua fugeret, occurreres
erroremque aduersariis pariter ac tuis faceres? cum
neque te barbari unum putarent neque milites, non
dico stipatione atque comitatu, sed saltem oculis sequi
possent ? Toto quippe proelio ferebare, non aliter
quam magnus amnis solet hibernis imbribus auctus
et niuibus passim fluere qua campus est. ⁴Ita cuncti
Chaibones Erulique cuncti tanta internecione caesi

---

21. Immédiatement après avoir réprimé le soulèvement des
Bagaudes (peut-être dès la fin de l'été 285). Maximien doit faire face
aux invasions de diverses bandes germaniques. Les Alamans occu-
paient alors les *campi decumates*, situés entre le Rhin supérieur et le
Danube ; les Burgondions (branche des Burgondes) avaient émigré

Hérules[21] aussi, les plus redoutables des barbares et les plus éloignés de nous, s'étaient rués d'un élan impétueux sur nos[22] provinces, quel dieu nous eût apporté un salut si inespéré, si tu n'avais pas été là ? Toi en effet, empereur, dans ta divine clairvoyance, convaincu qu'il fallait mener cette guerre avec la ruse plutôt qu'avec les armes, tu laissas tous ceux des ennemis dont le nombre faisait le propre malheur devenir la proie d'une famine extrême et de la peste après la famine, pour n'avoir à recourir ensuite aux bras de tes soldats qu'afin de recueillir les ornements du triomphe. Quant aux Chaibones et aux Hérules, tu ne jugeas pas à propos de les faire périr par semblable stratagème et afin qu'entre temps ta vaillance divine ne manquât pas de s'exercer à son ordinaire, tu les défis en rase campagne, en une seule attaque, sans engager dans ce combat l'ensemble de ton armée, à l'aide de quelques cohortes. Qu'était-il besoin d'une multitude, quand tu combattais en personne, quand toi-même tu portais tes coups en tout lieu et sur tout le front de bataille, quand partout tu harcelais l'ennemi, là où il résistait, là où il pliait, là où il fuyait, quand tu trompais ton adversaire aussi bien que tes propres troupes, quand les barbares ne croyaient pas avoir affaire à toi seul et que tes soldats étaient dans l'impossibilité de te suivre, je ne dis pas de leurs rangs pressés ou de leur escorte, mais même des yeux ? Tu étais emporté à travers toute la bataille, semblable à un grand fleuve, grossi des pluies et des neiges de l'hiver, qui s'étale de tout côté par la plaine. La totalité des Chaibones et des Hérules fut taillée en pièces et massacrée, et telle en

vers la vallée du Main, poussés jusque-là sans doute par les Vandales ; les Hérules, originaires de Scandinavie, s'étaient établis sur les bords de la Mer Noire ; quant aux Chaibones, ils ne nous sont connus que par la mention faite ici, ainsi qu'en III, 7, 2, par Mamertin : il semble qu'il faille identifier ce peuple aux Aviones mentionnés par Tacite (*Germanie*, 40, 1) et habitant à proximité de l'embouchure de l'Elbe.

22. Sur l'utilisation du démonstratif *hic*, voir *supra*, n. 20.

interfectique sunt ut exstinctos eos relictis domi
coniugibus ac matribus non profugus aliquis e proelio,
sed uictoriae tuae gloria nuntiaret.

VI. ¹Transeo innumerabiles tuas tota Gallia pugnas
atque uictorias. Quae enim tot tantisque rebus suf-
ficiat oratio ? ²Illum tamen primum consulatus tui
auspicalem diem tacitus praeterire nullo modo possum,
quo tu solus omnium consecutus es ut, quod tempus
antea incipiendis tantummodo rebus aptum uidebatur,
tunc primum potuerit sufficere peragendis unoque sol
curriculo suo eoque breuissimo et officia te consulis
inchoantem uideret et opera imperatoris implentem.
³Vidimus te, Caesar, eodem die pro re publica et uota
suscipere et coniunctim debere. Quod enim optaueras
in futurum, fecisti continuo transactum, ut mihi ipsa
deorum auxilia quae precatus eras praeuenisse uidearis
et quidquid illi promiserant ante fecisse. Vidimus te,
Caesar, eodem die et in clarissimo pacis habitu et in
pulcherrimo uirtutis ornatu. ⁴Bona uenia deum dixerim, ne Iuppiter quidem ipse tanta celeritate faciem
caeli sui uariat quam facile tu, imperator, togam
praetextam sumpto thorace mutasti, hastam posito
scipione rapuisti, a tribunali temet in campum, a

23. Il ne peut pas s'agir des combats contre les Bagaudes, déjà
évoqués plus haut et clairement laissés de côté par l'orateur (cf. II, 4,
4). Ces *pugnae atque uictoriae*, mentionnées après les victoires de
Maximien sur les peuplades germaniques, paraissent plutôt faire allusion à une série de campagnes menées en Gaule contre les Francs.

24. Maximien inaugura son premier consulat le 1ᵉʳ janvier 287, à
Trèves.

fut l'extermination qu'aux femmes et aux mères demeurées dans leur pays il n'y eut pas un des leurs, réchappé du combat, pour annoncer leur anéantissement : la renommée seule de ta victoire les informa.

L'affaire de Trèves (1er janvier 287). VI. Je laisse de côté tes batailles et tes victoires sans nombre à travers toute la Gaule[23]. Quel discours suffirait à ces exploits si nombreux et si grands ? Pourtant ce premier jour qui inaugura ton consulat[24], il m'est absolument impossible de le passer sous silence, car tu as réussi, seul de tous, à faire que ce jour qui jadis paraissait seulement approprié au début d'une entreprise pût, alors pour la première fois, suffire à son achèvement : ainsi dans le cours d'une seule journée, et d'une journée fort brève, le soleil te vit inaugurer ta charge de consul et remplir la tâche d'un général en chef. Nous t'avons vu, César, en ce même jour, faire des vœux pour le salut de l'État et tenu en même temps de les acquitter. Ce qu'en effet tu avais souhaité pour l'avenir tu en as assuré la réalisation immédiate : tu me parais ainsi avoir devancé cette assistance que tu avais précisément sollicitée des dieux et accompli par avance tout ce qu'ils t'avaient promis. Nous t'avons vu, César, en un même jour, revêtu de l'éclatante tenue de la paix et du glorieux équipement de la valeur[25]. N'en déplaise aux dieux, la promptitude avec laquelle Jupiter lui-même modifie la face du ciel où il règne n'égale pas la facilité avec laquelle, empereur, tu déposas la robe prétexte pour prendre la cuirasse, tu abandonnas le bâton <d'ivoire>[26] pour saisir la

25. Le récit, si alerte, que fait Mamertin dans ces trois premiers paragraphes du chapitre VI, permet de prendre aisément conscience de l'insécurité qui régnait sur cette frontière et de la promptitude des réactions de Maximien. Il est fort probable que l'épisode ici narré se soit déroulé sur plus d'une journée.

26. Le terme *scipio*, issu du grec *skèpôn*, désigne tout « bâton » ou « sceptre », et en particulier le « bâton d'ivoire », attribut du triomphe.

curuli in equum transtulisti et rursus ex acie cum
triumpho redisti totamque hanc urbem repentina tua
in hostes eruptione sollicitam laetitia et exsultatione
et aris flagrantibus et sacrificis odoribus accensis
numini tuo implesti. 5Ita utroque illius diei supremo
tempore bis diuina res pari religione celebrata est,
Ioui, dum pro futuris uouetur, tibi dum pro uictoria
soluitur.

VII. 1Tale igitur auspicium illius anni quid seque-
batur nisi nouum aliquod et ingens miraculum? 2Quod
autem maius euenire potuit illa tua in Germaniam
transgressione qua tu primus omnium, imperator,
probasti Romani imperii nullum esse terminum nisi
qui tuorum esset armorum? 3Atqui Rhenum antea
uidebatur ipsa sic natura duxisse ut eo limite Romanae prouinciae ab immanitate barbariae uindicarentur.
4Ecquis umquam ante uos principes non gratulatus est
Gallias illo amne muniri? Quando non cum summo
metu nostro Rheni alueum minuit diu serena tempestas? Quando non cum securitate nostra illius diluuia
creuerunt? 5Credo, itidem opimam illam fertilemque
Syriam uelut amplexu suo tegebat Eufrates, antequam
Diocletiano sponte se dederent regna Persarum.

27. Cette ville est, de toute évidence, très proche de la frontière et
peut, sans difficulté, être identifiée à Trèves *(Augusta Treuerorum)*,
important centre administratif et résidence occasionnelle des empereurs d'occident. L'expression *haec urbs* semble bien indiquer que
cette cité est celle de Mamertin (cf. *supra*, Introduction, p. XVII).
28. Cette campagne de Germanie, qui avait pour but essentiel
d'écarter définitivement le danger ennemi du *limes*, occupa vraisemblablement Maximien entre le printemps 287 et le printemps 288.

lance, tu passas du tribunal au champ de bataille, de la chaise curule sur un cheval, avec laquelle tu revins du combat encore une fois triomphant et tu emplis cette cité entière[27], où ta brusque sortie contre l'ennemi avait jeté l'inquiétude, d'une joie débordante, d'autels embrasés, de parfums brûlés, au cours des sacrifices en l'honneur de ta divinité. Ainsi, au début et à la fin de ce grand jour, à deux reprises, avec une égale piété fut offert un sacrifice, l'un à Jupiter, au moment où l'on faisait des vœux pour l'avenir, l'autre à toi, pour te remercier de la victoire.

La campagne de Germanie (287-288). VII. Dans cette année qui s'ouvrait sous de tels auspices que pouvait-il advenir sinon quelque nouveau et merveilleux prodige ? Pouvait-il en être un plus grand que ton fameux passage en Germanie[28] où, le premier de tous, empereur, tu as prouvé que l'empire romain ne connaissait d'autres limites que celles de tes armes ? Sans doute le cours du Rhin paraissait jadis avoir été tracé par la nature elle-même pour servir de frontière et protéger les provinces romaines contre la férocité du monde barbares. Et avant votre principat, qui ne s'est félicité de voir ce fleuve servir de rempart aux Gaules ? N'éprouvions-nous pas une crainte extrême quand une longue période de beau temps réduisait le lit du Rhin ? Ne retrouvions-nous pas notre sécurité quand nous voyions croître ses inondations[29] ? De même, me semble-t-il, l'Euphrate faisait à l'opulente et fertile Syrie comme une ceinture protectrice, avant que les royaumes des Perses ne fissent à Dioclétien une soumission

L'orateur ne fournit aucun détail topographique mais l'on peut supposer que l'expédition fut menée vers le sud-est, sur le territoire des Alamans et des Burgondions : Maximien pouvait ainsi punir ces peuples germaniques d'avoir fait des incursions en Gaule, en 286.

29. L'utilisation répétée du possessif *noster* parait indiquer que Mamertin se fait certes, dans ces deux phrases, l'écho du sentiment de tous les Gaulois, mais surtout de celui des habitants des régions orientales de la Gaule, d'où il est lui-même originaire.

Verum hoc Iouis sui more nutu illo patrio, quo omnia
contremescunt, et maiestate uestri nominis consecutus est ; ⁶tu autem, imperator inuicte, feras illas
indomitasque gentes uastatione, proeliis, caedibus,
ferro ignique domuisti. Herculei generis hoc *fatum*
est uirtuti tuae debere quod uindicas. Exinde igitur
soluto animo ac libero sumus. ⁷Licet Rhenus arescat
tenuique lapsu uix leues calculos perspicuo uado
pellat, nullus inde metus est : quidquid ultra Rhenum
prospic*io* Romanum est.

VIII. ¹Sic illa quondam Romanae potentiae diu
aemula et inimica Carthago a P. Scipione deuicta est,
cum is traiecto in Africam exercitu Hannibalem ab
Italiae uastatione reuocauit. ²Audieras hoc, imperator ? an ipse per te diuina tua mente perspexeras ita
demum hostes funditus posse subuerti, si in propriis
sedibus uincerentur nec praedam modo quam cepissent
amitterent, ³sed ipsi coniuges et liberos et parentes
suos et carissima omnia captà maererent ? Hoc tu
siue cognitum secutus es seu te auctore fecisti,

---

30. À l'époque de sa plus grande extension. la Syrie était limitée à
l'est par l'Euphrate (frontière naturelle avec la Perse). à l'ouest par la
Méditerranée. au nord par le mont Taurus et au sud par le désert ara-
bique. Carus avait occupé la Mésopotamie en 282. mais. à sa mort. la
campagne tourna court. La formule « *Diocletiano sponte se dederent
regna Persarum* » suggère que Dioclétien ne prit aucune initiative ;
cette « soumission volontaire » des Perses aurait permis d'aboutir à un
compromis. en 287 (cf. Seston 1946 : 161-163).

31. Sur le titre de *Iouius*, que Dioclétien prit pour lui-même, voir
supra, n. 8.

volontaire[30]. Mais cette capitulation, il l'obtint à la façon de Jupiter son patron[31], grâce à l'un de ces signes habituels à son père qui font trembler l'univers, et par la majesté de votre nom. Toi, invincible[32] empereur, c'est en portant chez eux la dévastation, les combats, les massacres, le fer et le feu que tu as dompté ces peuples sauvages et indomptables. Par une destinée qui est celle des fils d'Hercule, tu dois à ta seule valeur les contrées que tu revendiques. Depuis lors notre âme est affranchie de ses soucis et libre. Les eaux du Rhin peuvent bien tarir et n'entraîner plus dans leur maigre cours que quelques cailloux polis sur un fond transparent, nous n'en éprouvons plus aucune crainte : tout ce que j'aperçois au-delà du Rhin est romain[33] !

VIII. Ainsi jadis cette ville, si longtemps rivale et ennemie de la puissance romaine, Carthage, fut abattue par P. Scipion, quand le passage de son armée en Afrique eut rappelé Hannibal de l'Italie qu'il dévastait[34]. Avais-tu retenu cette leçon, empereur, ou de toi-même, dans ton intelligence divine, avais-tu compris que la destruction totale de l'ennemi ne pouvait être obtenue que s'il était vaincu dans son propre repaire, si, non content de perdre le butin dont il s'était emparé, il avait aussi la douleur de voir emmener en captivité ses femmes, ses enfants, ses parents et tout ce qu'il avait de plus cher ? Que tu aies suivi un exemple connu ou agi de ta propre initiative, dans

32. *Inuictus* est un des surnoms de l'Hercule romain (cf. *supra*, n. 4). Pour de plus amples détails sur *Hercules Inuictus*, voir Bayet 1926 : 322-337.

33. Cette formule, qui conclut avec force et expressivité le chapitre VII, laisse supposer qu'à l'issue de la campagne de Germanie, le protectorat romain fut rétabli sur la rive droite du Rhin, au plus grand soulagement des populations riveraines.

34. Mamertin évoque ici les événements qui marquèrent l'année 203 av. J.-C. et que Tite-Live raconte tout au long du dernier livre qu'il consacre à la seconde guerre punique (cf. Tite-Live, XXX).

utrumque pulcherrimum est. [4]Neque enim minorem
laudem magnarum rerum aemuli quam ipsi merentur
auctores. [5]Quin immo, quamuis optimum, intempta-
tae rei consilium fortunae committitur ; iteratum uero
idem atque repetitum ad certam iudicii gloriam pertinet. [6]Ideoque hoc nunc ambo, sacratissime imperator, ipso estis Scipione potiores quod et tu Africanum
et te Diocletianus imitatus est.

IX. [1]Ingressus est nuper illam quae Raetiae est
obiecta Germaniam similique uirtute Romanum limitem uictoria protulit, adeo numini illius simpliciter
amanterque quidquid pro hisce terris feceras rettulisti, cum ex diuersa orbis parte coeuntes inuictas
dexteras contulistis, adeo fidum illud fuit frater-
numque colloquium. [2]In quo uobis mutua praebuistis
omnium exempla uirtutum atque inuicem uos, quod
fieri iam posse non uidebatur, auxistis, ille tibi osten-
dendo dona Persica, tu illi spolia Germanica. [3]Sed
neque illum uirtutes tuae bellicae a liberalitate neque
te illius opes a bellica uirtute reuocarunt : ambo
nunc estis largissimi, ambo fortissimi atque hac ipsa
uestri similitudine magis magisque concordes et,
quod omni consanguinitate certius est, uirtutibus

---

35. L'adverbe *nuper* semble signaler que l'opération de Dioclétien
en Rétie (région des Alpes centrales correspondant actuellement à
l'ouest de la Suisse, au Tyrol autrichien et au nord de la Lombardie) eut
lieu l'année qui précède immédiatement la rédaction du panégyrique de
289, durant la saison propre aux campagnes militaires.

les deux cas le résultat est admirable. Dans les grandes choses l'imitateur ne mérite pas une moindre louange que l'inventeur lui-même. Je dirai plus : la réussite d'une entreprise sans précédent, si bien conçue qu'elle soit, est mise au compte du hasard, mais le renouvellement, la répétition d'une même manœuvre atteste la sûreté du jugement et fait sa renommée. C'est pourquoi vous êtes tous les deux maintenant, très saint empereur, supérieurs à Scipion lui-même, toi parce que tu as imité l'Africain, Dioclétien parce qu'il t'a imité à son tour.

IX. Il a récemment[35] pénétré dans cette partie de la Germanie qui fait face à la Rétie et sa valeur semblable à la tienne a victorieusement porté la frontière romaine en avant, tant tu as mis de simplicité et d'amitié à faire à sa divinité le rapport de tout ce que tu avais accompli pour la défense de notre territoire, le jour où, partis de points opposés du globe, vous vous êtes réunis pour joindre vos mains invincibles, tant ces entretiens furent empreints de confiance et de fraternité[36] !

L'entrevue de 288   Là, vous vous êtes donné réciproquement des exemples de toutes les vertus, et, ce qui ne paraissait pas possible, vous vous êtes mutuellement grandis, en vous montrant l'un à l'autre, lui les présents des Perses, toi les dépouilles de la Germanie. Mais ni tes qualités militaires ne l'ont détourné de sa générosité, ni son opulence ne t'a détourné de tes vertus guerrières ; vous êtes maintenant tous les deux les princes les plus généreux, tous les deux les plus valeureux. C'est précisément cette ressemblance entre vous qui assure chaque jour davantage votre concorde, et un lien plus sûr que tous les liens du sang, la vertu, fait de vous des frères. Ainsi

36. Cette phrase indique, assez clairement, que l'entrevue fraternelle de 288, entre Dioclétien et Maximien, est antérieure à la campagne de Rétie (bien que cette dernière soit mentionnée en premier).

fratres. ⁴Sic fit ut uobis tantum imperium sine ulla
aemulatione commune sit neque ullum inter uos discrimen esse patiamini, sed plane ut gemini illi reges
Lacedaemones Heraclidae rem publicam pari sorte
teneatis. ⁵Quamquam hoc uos meliores et iustiores
quod illos mater astu coegit, cum nemini fateretur
quem prius edidisset in lucem, pari aetatis auctoritate
regnare, uos hoc sponte facitis quos in summis rebus
aequauit non uultuum similitudo, sed morum.

X. ¹Attamen illos, si discrimen sui scire potuissent,
minus mirum fuisset exiguam sibi communicasse
regionem, quam saepe uno die impiger uiator emen-
sus est. Vos uero, qui imperium non terrae, sed caeli
regionibus terminatis, tantam uim, tantam potesta-
tem mutuo uobis impartire diuinae profecto immor-
talisque fiduciae est, quam cupiditas nulla perturbet.
²Et tamen uides, imperator, non inuenire me ex
omni antiquitate quod comparem uobis nisi Herculeae
gentis exemplum. ³Nam ille quidem magnus Alexan-
der iam mihi humilis uidetur Indo regi sua regna

---

37. L'insistance emphatique de l'orateur sur les relations frater-
nelles qui unissent Dioclétien et Maximien, ainsi que sur la *concordia*,
a conduit quelques commentateurs à manifester un certain scepticisme
et à supposer que tout n'allait pas au mieux entre les deux Augustes.

exercez-vous en commun une telle autorité sans l'ombre d'une rivalité et ne laissez-vous s'élever entre vous aucun différend[37] : semblables à ces jumeaux, à ces Héraclides[38], qui régnaient à Lacédémone, vous avez dans le gouvernement de l'État une part égale. Cependant il y a en vous plus de mérite et de justice, car eux, c'est la ruse de leur mère qui, en refusant de révéler quel était le premier né, les contraignit à régner avec l'autorité de princes égaux en âge ; mais vous, c'est spontanément que vous faites ce partage, vous qui, au faîte de la puissance, devez l'égalité du rang non point à la ressemblance des traits, mais à celle du caractère.

X. Pourtant si ces princes avaient pu connaître ce qui les séparait, on ne se serait point étonné de les voir exercer en commun leur autorité sur une modeste région que souvent le voyageur pressé parcourt en un seul jour. Mais vous, dont l'empire ne s'arrête pas aux frontières de la terre, mais s'étend aux régions célestes, en partageant entre vous une telle puissance et un tel pouvoir, vous donnez la preuve d'une confiance vraiment divine et immortelle que nulle convoitise n'est capable de troubler. Et tu vois, empereur, que dans toute l'antiquité je ne trouve rien à vous comparer, en dehors de l'exemple fourni par la descendance d'Hercule[39]. Car le grand Alexandre lui-même me paraît bien humble quand il rend son royaume au roi

---

38. Les Héraclides sont tous les descendants d'Héraklès — du moins dans le sens le plus large du terme. Il s'agit plus particulièrement ici d'une allusion aux jumeaux Eurysthénès et Proclès, fils d'Aristodémos — un des trois arrière-petits-fils d'Hyllos, lui-même fils aîné d'Héraklès et de Déjanire —, qui, après le partage en trois du Péloponnèse, reçurent la Laconie, fondant ainsi la double royauté de Lacédémone. La lignée d'Eurysthénès (considéré en définitive comme l'aîné des jumeaux) eut le privilège de l'ancienneté et reçut les plus grands honneurs. Est-ce une façon détournée de suggérer que l'égalité et la « fraternité » des deux empereurs romains, dits « jumeaux », ne sont pas parfaites (cf. *supra*, n. 37) ?

39. Cf. *supra*, n. 38.

reddendo, cum tam multi reges, imperator, uestri
clientes sint, cum per te regnum receperit Gennoboudes, a te uero munus acceperit. ⁴Quid enim ille
aliud expetiuit ad conspectum *tuum* cum omni sua
gente ueniendo, nisi ut tunc demum integra auctoritate regnaret, cum te, Maximiane, placasset? ⁵Osten-
dit ille te identidem, ut audio, popularibus suis et
intueri diu iussit et obsequia discere, cum tibi ipse
seruiret. ⁶Hoc eodem modo rex ille Persarum, numquam se ante dignatus hominem confiteri, fratri tuo
supplicat totumque, si ingredi ille dignetur, regnum
suum pandit. ⁷Offert interim uaria miracula, eximiae
pulchritudinis feras mittit, amicitiae nomen impe-
trare contentus promeretur obsequio.

XI. ¹ Vestra hoc concordia facit, inuictissimi
principes, ut uobis tanta aequalitate successuum
etiam fortuna respondeat. Rem publicam enim una
mente regitis, neque uobis tanta locorum diuersitas
obest quominus etiam ueluti iunctis dexteris guberne-

---

40. En 326 av. J.-C.. Alexandre franchit l'Indus et arriva au fleuve
Hydaspe (actuellement Jhelam ou Jhelum). C'est là que se déroula son
ultime grande bataille — ainsi que celle de Bucéphale. son célèbre cheval. qui mourut très peu de temps après le combat — : il vainquit Poros
(ou Paurava). le roi de la région des cinq fleuves (Pañjâb). et ses redoutables éléphants. Puis il tenta de progresser vers le Gange : mais son
armée épuisée refusa d'avancer au-delà du Pañjâb. Alexandre dut recu-
ler jusquaux rives de l'Hydaspe. Poros fut remis sur son trône et il scel-
la une alliance avec Alexandre (cf. Justin. XII. 8. 7).

41. Cette évocation de la soumission de Gennobaud et de tout son
peuple laisse supposer qu'il y avait eu. dans la partie inférieure du cours
du Rhin. une opération militaire à l'issue de laquelle le roi franc accepta

des Indes[40], alors, empereur, que tant de rois sont vos clients, alors que grâce à toi Gennoboudes a récupéré son royaume et l'a reçu de toi comme un présent. Que demanda-t-il d'autre en effet, quand il s'est présenté à toi avec tout son peuple, que de régner désormais avec une autorité entière, maintenant, Maximien, qu'il t'avait apaisé[41] ? Il te montra, dit-on, à plusieurs reprises à ses sujets, il leur ordonna d'arrêter longtemps leurs regards sur toi et d'apprendre à te servir[42], quand lui-même te rendait hommage. De la même manière ce fameux roi de Perse qui, jamais auparavant, n'avait daigné avouer qu'il était un homme, se prosterna aux pieds de ton frère et lui ouvrit tout son royaume, s'il jugeait bon d'y pénétrer. Il lui offre cependant divers présents merveilleux, lui envoie des bêtes d'une rare beauté ; satisfait d'obtenir le nom d'ami, il le mérite par sa soumission[43].

***III. La révolte
de Carausius***

XI. Invincibles princes, c'est un effet de votre concorde que la fortune vous accorde en retour et si également le succès. D'une même âme vous administrez l'empire et, si grande que soit la distance qui vous sépare, elle ne vous empêche pas de le gouverner pour ainsi dire

---

la protection de Rome — sans combat, du reste — et bénéficia de la bienveillance de Maximien qui lui accorda de conserver son royaume. Cet hommage de Gennobaud sera de nouveau mentionné en III. 5. 4.

42. Il se pourrait également que le terme *obsequia* soit utilisé ici dans sons sens concret : de même que le roi de Perse gratifie Dioclétien de « présents merveilleux ». Gennobaud ferait à Maximien diverses « offrandes » en gage de soumission.

43. L'expression *rex ille Persarum* (« le Grand Roi de Perse ») désigne Bahram II. de la dynastie des Sassanides, qui, en 287, offrit des présents à Dioclétien et se prosterna devant lui, en signe de soumission. Cet hommage prit la forme solennelle d'une *proskunèsis (adoratio)* : le verbe *supplicat* suggère clairement que Bahram se prosterne en tombant à genoux et, sans doute, en baisant l'ourlet du vêtement et les sandales de Dioclétien.

tis. ²Ita, quamuis maiestatem regiam geminato numine augeatis, utilitatem imperii singularis consentiendo retinetis. ³Quare, si non frustra Graeci poetae hominibus iustitiam colentibus repromittunt binos gregum fetus et duplices arborum fructus, nunc omnia gentibus uniuersis gemina debentur, quarum uos domini tam sancte iustitiam et concordiam colitis. ⁴Tu quidem certe, imperator, tantum esse in concordia bonum statuis ut etiam eos qui circa te potissimo funguntur officio necessitudine tibi et affinitate deuinxeris, id pulcherrimum arbitratus adhaerere lateri tuo non timoris obsequia, sed uota pietatis. Quorum ductu proxime, cum felicissimis uestris auspiciis uterentur, lubrica illa fallaxque gens barbarorum ut merebatur affecta est. ⁵Vestra haec, imperator, uestra laus est : a nobis proficiscitur etiam quod per alios administratur. ⁶Vt enim omnia commoda caelo terraque parta, licet diuersorum numinum ope nobis prouenire uidean-

---

44. Dans l'*Odyssée* (XIX, 111-114 ; traduction de Victor Bérard, Paris, Les Belles Lettres, CUF, 1987⁸, p. 72), Ulysse s'adresse ainsi à Pénélope : « Pour <celui qui vit selon la justice>, les noirs sillons portent le blé et l'orge : l'arbre est chargé de fruits ; le troupeau croît sans cesse : la mer pacifiée apporte ses poissons, et les peuples prospèrent ». Selon Hésiode (*Les Travaux et les Jours*, 172-173, traduction de Paul Mazon, Paris, Les Belles Lettres, CUF, 1993¹⁴, p. 92), ce sont les « héros fortunés pour qui le sol fécond porte trois fois l'an une florissante et douce récolte » ; un peu loin, le poète ajoute (*ibid.*, 225-229, p. 94) : « Mais ceux qui, pour l'étranger et pour le citoyen, rendent des sentences droites et jamais ne s'écartent de la justice, voient s'épanouir leur cité et, dans ses murs, sa population devenir florissante. Sur leur pays s'épand la paix nourricière de jeunes hommes et Zeus au vaste regard ne leur réserve pas la guerre douloureuse. »

45. Le singulier *officio* pourrait désigner la préfecture du prétoire ; mais l'expression au pluriel *eos qui funguntur* semble contredire cette

la main dans la main. Ainsi, bien que la majesté impériale se soit accrue de votre double divinité, votre accord maintient l'avantage d'une autorité unique. Si ce n'est pas en vain que les poètes grecs[44] promettent à ceux qui pratiquent la justice doubles portées dans leurs troupeaux et doubles récoltes sur leurs arbres fruitiers, aujourd'hui tous les biens doivent échoir doublement à tous les peuples dont vous êtes les souverains si respectueux de la justice et de la concorde. Pour toi, empereur, tu vois dans l'union des cœurs un tel bienfait que tu as uni à toi, par des liens d'amitié et de parenté même, ceux qui dans ton entourage remplissent les plus hautes fonctions[45], car ce qui te semble le plus beau c'est de voir s'attacher à tes côtés non point la servilité inspirée par la crainte, mais l'hommage de l'affection. C'est conduite par eux et sous vos plus heureux auspices qu'une expédition a récemment[46] infligé à cette nation barbare, trompeuse et perfide[47] le traitement qu'elle méritait. À vous, empereur, à vous en revient la gloire : c'est de vous que procède même ce que d'autres accomplissent. Tous les biens que nous procurent le ciel et la terre ont beau nous paraître dus à l'intervention de

hypothèse. Quant à l'allusion aux liens du mariage (visible dans le terme *affinitate*), elle a suscité bon nombre de spéculations de la part des commentateurs. S'agit-il du mariage de Constance avec la fille de Maximien, Théodora ? Le débat reste ouvert... Pour davantage de précisions sur l'état de la question, voir Nixon & Rodgers 1994 : 70-71, n. 38.

46. L'adverbe *proxime* indique clairement que ces événements sont très récents au moment où Mamertin rédige ce discours : cette « expédition » eut lieu durant l'été, ou même l'automne, 288.

47. Dans l'expression *lubrica illa fallaxque gens*, il est aisé de reconnaître les Francs, les deux adjectifs, *lubrica* et *fallax*, apparaissant comme les épithètes habituelles de cette nation. Les Francs passent pour avoir été des alliés de Carausius — ce n'est toutefois pas l'avis de Shiel 1977 : 4 — qui, vraisemblablement, s'étaient livrés à des actes de piraterie, comme le suggère Mamertin dans son second discours (cf. III. 7. 2), et qui furent poursuivis et vaincus par les troupes de Maximien sur les rivages de l'océan *(in illo litore)*.

tur, a summis tamen auctoribus manant, Ioue rectore
caeli et Hercule pacatore terrarum, sic omnibus pul-
cherrimis rebus, etiam quae aliorum ductu geruntur,
Diocletianus *initium* facit, tu tribuis effectum. [7]Ves-
trae, inquam, fortunae, uestrae felicitatis est, imperator,
quod iam milites uestri ad oceanum peruenere uictoria,
iam caesorum in illo litore hostium sanguine*m* reci-
proci fluctus sorbuerunt.

XII. [1]Quid nunc animi habet ille pirata, cum fretum
illud quo solo mortem suam hucusque remoratus est
paene exercitus uestros uideat ingressos oblitosque
nauium refugum mare secutos esse, qua cederet?
[2]Quam nunc insulam remotiorem, quem alium sibi
optet oceanum? Quo denique pacto effugere poenas
reipublicae potest, nisi si haustu terrae deuoretur aut
turbine aliquo in deuia saxa rapiatur? [3]Aedificatae
sunt ornataeque pulcherrimae classes cunctis simul
amnibus oceanum petiturae. Neque solum ad per*fi*-
ciendas eas certatim homines laborarunt, sed etiam
ad excipiendas flumina repente creuerunt. [4]Toto fere
anno, imperator, quo tibi opus erat serenitate ut
naualia texerentur, ut trabes caederentur, ut artifi-
cum animi uigerent, ut manus ne torpescerent, nullus fere dies imbre foedatus est. [5]Hiems ipsa tempe-
riem ueris imitata est. Iam non septentrioni nos
putauimus subiacere, sed quasi translatis sideribus aut

diverses divinités, ils proviennent cependant des divinités souveraines, de Jupiter maître du ciel et d'Hercule
pacificateur de la terre : ainsi dans les plus nobles entreprises, même celles qui s'accomplissent sous la conduite
des autres, c'est Dioclétien qui prend les initiatives, et
c'est toi qui réalises. C'est, je le répète, votre fortune, c'est
votre bonheur, empereur, qui déjà a conduit vos soldats
victorieux jusqu'à l'océan, où déjà le va-et-vient des flots
a absorbé le sang des ennemis qui ont été taillés en pièces
sur ces rivages.

XII. Quel espoir garde maintenant ce pirate[48] quand
il voit que vos armées ont, peu s'en faut, pénétré dans ce
bras de mer qui lui a seul permis jusqu'ici de retarder sa
mort et que, oubliant leurs navires, elles ont suivi le recul
de la mer partout où elle se retirait devant elles ? Quelle
île plus reculée, quel autre océan pourrait-il maintenant
souhaiter pour son salut ? Comment enfin échapper au
châtiment que réclame l'empire, à moins d'être englouti
dans les abîmes de la terre ou emporté par quelque tour-
billon sur des rochers inaccessibles ? Tu as fait construire
et équiper les plus belles flottes, destinées à gagner l'océan
par tous les fleuves à la fois. Et l'on n'a pas vu seulement les ouvriers rivaliser d'ardeur pour les achever, mais
les fleuves encore grossir soudain leurs eaux pour les recevoir. Durant presque toute l'année, empereur, où tu avais
besoin du beau temps pour construire les navires, pour dé-
biter les pièces de bois, pour soutenir le courage des tra-
vailleurs et prévenir tout engourdissement de leurs bras,
il n'y eut pour ainsi dire pas un jour qui fût assombri par
la pluie. L'hiver même affecta une douceur printanière.
Il semblait que nous ne vivions plus sous le ciel du nord,
mais par une sorte de mutation des astres ou des parties

48. La formule péjorative *ille pirata* — « archi-pirate », selon l'expression adoptée par Paul Petit (1974 : III, 12) — désigne Carausius,
qui, dans ces chapitres XI et XII, n'est jamais explicitement nommé.

terris meridiani caeli clementiam sensimus. ⁶Fluuius
hic noster diu pluuiarum pabulo carens impatiens
erat nauium, solam naualibus tuis materiam deuehebat.
Ecce autem subito, cum iam deduci liburnas opor-
teret, tibi uberes fontes terra submisit, tibi largos
imbres Iuppiter fudit, tibi totis fluminum alueis
oceanus redundauit. ⁷Ita in aquas sponte subeuntes
impetum nauigia fecerunt leui modo commota nisu
ducentium, quorum ad felicissimum illud exordium
magis opus erat nautico carmine quam labore. ⁸Facile
itaque quiuis intellegit, imperator, quam prosperi te
successus in re maritima secuturi sint, cui iam sic
tempestatum oportunitas obsequatur.

XIII. ¹Felix igitur talibus, Roma, principibus (fas est
enim ut hoc dicendi munus pium unde coepimus termi-
nemus), felix, inquam, et multo nunc felicior quam
sub Remo et Romulo tuis. ²Illi enim, quamuis fratres
geminique essent, certauerunt tamen uter suum tibi
nomen imponeret diuersosque montes et auspicia
ceperunt ; hi uero conseruatores tui (sit licet nunc

---

49. Ce « fleuve » est très certainement la Moselle. sur la rive droite
de laquelle se trouve Trèves. Deux termes (*hic* et *noster*) nous prouvent
ici. une nouvelle fois. que Mamertin est originaire de cette cité
(cf. *supra*. n. 27).

50. Ce *nauticum carmen* (« chanson de bord ») ne peut être qu'un
joyeux chant de marins, comme ceux qui. d'ordinaire. célèbrent le
retour au port.

51. Durant les préparatifs et au moment du lancement de cette flotte,
la protection des dieux se manifeste. selon Mamertin. de façon si éclatante qu'elle apparaît comme un gage des succès futurs de Maximien.

du globe nous éprouvions la clémence d'un ciel méridio-
nal. Ce fleuve qui arrose nos campagnes[49], longtemps privé
de l'aliment des pluies, était incapable de porter des navires, il ne charriait guère vers tes chantiers que des bois
de construction. Mais voici que soudain, au moment où
il fallait lancer les navires légers, la terre a, pour toi, fait
sourdre des fontaines abondantes, Jupiter a, pour toi, fait
tomber des pluies torrentielles, l'Océan a, pour toi, re-
flué dans le lit des fleuves sur toute leur longueur. Ainsi
les navires se sont élancés sur les eaux qui d'elles-mêmes
se glissaient sous eux, mis en branle par une légère impulsion des équipages qui, pour ces heureux débuts,
n'avaient qu'à entonner le chant des bateliers[50] plutôt qu'à
déployer leurs efforts. Aussi, empereur, est-il aisé de comprendre quels heureux succès seront ton partage dans cette
expédition maritime, puisque tu disposes ainsi désormais
des faveurs de la température[51].

Péroraison XIII. Heureuse[52] Rome sous de tels
princes (nous pouvons bien terminer
ce pieux discours par où nous l'avons commencé), heureuse, je le répète, et beaucoup plus heureuse aujour-
d'hui que sous tes héros, Rémus et Romulus ! En effet,
bien qu'ils fussent frères et jumeaux, ceux-là disputèrent
cependant à qui te donnerait son nom et choisirent des col-
lines différentes pour prendre des auspices différents. Mais
ceux-ci, ces princes, tes sauveurs[53] (bien que ton empire

S'agit-il là d'une habile et rhétorique façon de masquer quelque mauvais
calcul de la part de l'empereur ? Car, en fait, cette flotte fut engloutie
par la tempête avant même d'avoir véritablement appareillé (cf.
Panégyrique IV, 12, 2 ; voir aussi Petit 1974 : III, 12).

52 L'adjectif *felix* (trois fois présent dans cette phrase) signifie spé-
cifiquement « favorisé des dieux », « qui a de la chance ». Il équivaut
en quelque sorte ici à *fortunata* : Charles E. V. Nixon traduit d'ailleurs,
en anglais, par « fortunate » (cf. Nixon & Rodgers 1994 : 73).

53. Sur l'utilisation du terme *conseruatores*, qualifiant conjointement Dioclétien et Maximien, voir *supra*, Introduction, p. XXIII.

tuum tanto maius imperium quanto latius est uetere
pomerio, quidquid homines colunt) nullo circa te
liuore contendunt. IIi, cum primum ad te redeant
triumphantes, uno cupiunt inuehi curru, simul adire
Capitolium, simul habitare Palatium. ³Vtere, quaeso
tuorum principum utroque cognomine, cum non
cogaris eligere : licet nunc simul et Herculia dicaris
et Iouia. ⁴O quanto nunc, imperator, illa ciuitas esset
augustior, quanto magis hunc natalem suum diem
coleret, si uos stipatos uestro senatu in illa Capitolini
Iouis arce conspiceret ! quae nunc sine dubio praesen-
tiam uestri sibi fingit, aedes uestrorum numinum
frequentando et identidem, sicut a maioribus insti-
tutum est, inuocando Statorem Iouem Herculemque
Victorem. ⁵Hoc enim quondam illi deo cognomen
ascripsit is qui, cum piratas oneraria naue uicisset,
ab ipso audiuit Hercule per quietem illius ope uicto-
riam contigisse ; adeo, sacratissime imperator, multis
iam saeculis inter officia est numinis tui superare
piratas.

---

54. Le temple de Jupiter Capitolin *(Iuppiter Optimus Maximus)* se
dressait sur la partie méridionale du Capitole. L'édifice, dont la première
construction remonte à l'époque des rois étrusques, fut plusieurs fois
détruit par des incendies puis reconstruit. C'est devant ce temple que les
magistrats et les généraux victorieux offraient des sacrifices, les uns à
l'occasion de leur entrée en fonction, les autres lors de leurs triomphes.

55. Le temple de Jupiter Stator se trouvait sur la Via Sacra qui traverse le Forum romain. On l'a souvent localisé dans les environs de l'Arc
de Titus (cf. Nixon & Rodgers 1994 : 74, n. 48). Mais, selon Filippo
Coarelli, il conviendrait de le situer plutôt dans la zone comprise entre la
maison des Vestales et le temple de Romulus (cf. Coarelli 1994 : 62-63).
Par ailleurs, un temple circulaire voué à Hercule Victor se trouvait sur le
Forum Boarium, à proximité de l'Ara Maxima (cf. *supra*, n. 4) ; il fut

se soit accru dans la mesure même où la terre habitée dépasse les limites de l'antique pomœrium) ne manifestent à ton propos ni jalousie ni rivalité. Dès qu'ils reviendront vers toi triomphants, c'est sur un seul et même char qu'ils désirent faire leur entrée, ensemble monter au Capitole, ensemble habiter au Palatin. Adopte, je t'en prie, le surnom de chacun de tes souverains, puisque tu n'es pas obligée de faire un choix : tu peux maintenant te faire appeler à la fois Herculienne et Jovienne. Ô combien aujourd'hui, empereur, cette ville serait plus vénérable, comme elle fêterait mieux son jour de naissance, si elle vous contemplait entourés de votre sénat sur le sommet fameux de Jupiter Capitolin[54]. Aujourd'hui, sans nul doute, elle s'imagine votre présence, en rassemblant la foule dans les temples de vos divinités < protectrices > et en multipliant, suivant la pratique inaugurée par nos ancêtres, les invocations à Jupiter Stator et à Hercule Victor[55]. C'est le nom qui jadis fut donné à ce dieu par celui qui, vainqueur des pirates sur un navire de commerce, apprit, pendant son sommeil, de la bouche même d'Hercule, que l'assistance de ce dieu lui avait assuré la victoire[56]. Tant il est vrai, très saint empereur, que depuis bien des siècles déjà c'est une des prérogatives de ta divinité protectrice que de triompher des pirates !

édifié par Scipion Émilien. Il existait un autre temple circulaire d'Hercule Victor, situé près de la Porta Trigemina, dans la vallée du Vélabre ; il fut construit grâce à un négociant de la fin du IIe s. av. J.-C., M. Octavius Herennius (cf. Coarelli 1994 : 217 ; voir aussi *infra*, n. 56). À l'époque classique, le surnom de *Victor* ou *Inuictus* était couramment donné à Hercule, avec une signification militaire. Selon Jean Bayet (1926 : 326, n. 3), la plus ancienne des deux épithètes serait *Victor*.

56. Mamertin reprend ici une anecdote racontée par Masurius Sabinus, dans ses *Memorialia*. Cette même histoire sera également mentionnée par Servius (*Commentaire sur Virgile, Énéide*, VIII, 362-363, à propos de l'expression *uictor Alcides*), ainsi que par Macrobe (*Saturnales*, III, VI, 11) : le négociant Marcus Octavius Herennius consacra à Hercule un temple et une statue sur laquelle il fit graver le nom d'*Hercules Victor* (cf. *supra*, n. 55) ; il fut ainsi le premier à attribuer cette épithète au dieu.

XIV. ¹Sed profecto mature ille illucescet dies,
cum uos uideat Roma uictores et alacrem sub dextera
filium, quem ad honestissimas artes omnibus ingenii
bonis natum felix aliquis praeceptor exspectat, cui
nullo labore constabit diuinam immortalemque pro-
geniem ad studium laudis hortari. ²Non necesse erit
Camillos et Maximos et Curios et Catones proponere
ad imitandum ; quin potius uestra illi facta demons-
tret, uos identidem et semper ostendat praesentes et
optimos imperatoriae institutionis auctores. ³Interim
tamen te, gentium domina, quoniam hunc optatissi-
mum principem in Galliis suis retinet ratio reipublicae, quaesumus, si fieri potest, ne huic inuideas

57. Il s'agit ici de Maxence, fils de Maximien et d'Eutropia, que
Mamertin semble désigner — sans toutefois le dire explicitement, sans
doute à cause de la position occupée alors par Constance (cf. II, 11,
4) — comme un futur héritier de l'empire, ce qui permet de supposer
que l'orateur n'était pas au courant d'éventuels projets concernant la
Tétrarchie. Vraisemblablement, Maxence est encore un enfant au
moment de la rédaction de ce discours ; mais il n'existe aucun docu-
ment qui permette d'établir avec certitude la date de sa naissance.
Selon Barnes (1982 : 34), il serait peut-être né vers 283. Dans le
Panégyrique de 291, il ne se trouvera aucune mention de Maxence. Il y
eut mésentente entre le père et le fils à partir de 307. Maxence fut défait
à la bataille du pont Milvius, le 28 octobre 312, et se noya en tentant de
fuir (cf. Petit 1974 : III, 49-50). Le panégyriste de 313 lui attribuera
l'épithète très péjorative de *suppositus* (cf. IX, 4, 3).

58. Mamertin fait-il ici allusion, de façon voilée, à sa propre personne ? Mais il n'est, en fait, pas certain qu'il ait été lui-même profes-
seur de rhétorique.

XIV. Mais bientôt sûrement brillera ce jour où Rome vous verra victorieux, et, à ta droite, ton fils[57] si plein de vie, et doué pour les études libérales de tous les dons naturels. L'heureux précepteur[58] qui l'attend n'aura point de peine à exhorter à l'amour de la gloire cet enfant divin et immortel. Il ne sera point nécessaire de proposer à son imitation les Camilles, les Maximes, les Curii, les Catons[59] : qu'il lui mette plutôt sous les yeux vos actions, qu'il lui montre souvent, qu'il lui montre toujours en vous présents à ses côtés les meilleurs garants de l'éducation impériale. Cependant, souveraine des nations, puisque la raison d'État retient dans ses Gaules bien-aimées ce prince si désiré, nous te prions, s'il se peut, de ne pas porter envie

59. Marcus Furius Camillus avait été nommé dictateur en 396 av. J.-C. ; il sauva Rome des Gaulois et, selon Tite-Live (V, 19, 3), grâce à son intervention, « même la fortune de Rome semblait renaître ». Manius Curius Dentatus fut consul en 290, puis en 275 av. J.-C. ; il fut vainqueur des Samnites et de Pyrrhus ; il était considéré comme le type même de la frugalité et comme l'incarnation des vertus antiques. Quintus Fabius Maximus Verrucosus, dit « Cunctator », fut nommé dictateur en 221, puis en 217 av. J.-C. ; il mit fin aux succès d'Hannibal en Italie, en menant contre lui une guerre d'usure qui lui valut son surnom ; les générations suivantes l'admirèrent pour son courage et ses vertus patriciennes. Marcus Porcius Cato (« l'Ancien » ou « le Censeur »), élu censeur en 184 av. J.-C., lutta contre le luxe et combattit l'expansion, à Rome, de la culture et des mœurs helléniques, qui lui semblaient porter atteinte aux vertus traditionnelles grâce auxquelles s'était édifiée la puissance romaine ; il fut un des adversaires les plus virulents des Scipions ; la *seueritas*, avec laquelle il s'acquitta de sa fonction de censeur, était devenue proverbiale. La mention de ces quatre personnages constitue un véritable *topos* : les orateurs, aussi bien de l'époque républicaine que de l'époque impériale, les citent très fréquemment comme les plus parfaits *exempla* des vertus romaines.

ciuitati, cui nunc ille similititudinem maiestatis tuae
confert natalem tuum diem celebrando in ea consue-
tudine magnificentiae tibi debitae. ⁴Teque ipsum,
imperator, oramus ut etiam, cum uos totius orbis
securitate composita illa imperii uestri mater acceperit, amplexus eius artissimos interdum piis manibus
resoluatis, tuque potissimum (credo enim hoc idem
Diocletianum oriens rogat) has prouincias tuas frequenter iilustres et profundissima licet pace florentes
aduentu numinis tui reddas feliciores. ⁵Vides, imperator, quanta uis sit tuorum in nos caelestium beneficio-
rum : adhuc praesentia tua fruimur et iam reditum
desideramus.

à notre cité[60] à laquelle il confère aujourd'hui une majesté semblable à la tienne, en y célébrant ton jour de naissance avec les habitudes de magnificence qui te sont dues. Et toi, empereur, nous te demandons, quand la tranquillité du monde entier aura été une fois assurée et que cette mère de votre empire vous aura accueillis, de desserrer de temps à autre de vos mains pieuses l'étreinte de ses embrassements. Toi surtout (car j'imagine que l'Orient adresse à Dioclétien[61] la même requête), viens souvent rehausser de ta présence le prestige de ces provinces qui sont les tiennes et, malgré la paix si profonde où elles s'épanouissent, rends-les plus heureuses encore par l'arrivée de ta divinité. Tu vois, empereur, l'effet des faveurs divines que tu as pour nous : nous jouissons encore de ta présence et déjà nous souhaitons ton retour.

60. L'expression *haec ciuitas* désigne Trèves (sur l'utilisation de ce démonstratif, voir *supra*, n. 20 et n. 27).

61. Cette parenthèse renferme une pure supposition *(credo)*, sans aucun fondement précis. Sans doute est-ce un moyen commode pour Mamertin d'éviter de froisser Dioclétien.

III (11)

MAMERTINI PANEGYRICVS GENETHLIACVS MAXIMIANO AVGVSTO DICTVS

1. [1]Omnes quidem homines, sacratissime imperator, qui maiestati uestrae laudes canunt et gratias agunt, debitum uobis conantur exsoluere (quis enim est qui possit implere ?), sentio tamen a me praecipue hoc piae uocis officium iure quodam sacrosancti fenoris postulari, ut exspectationem sermonis eius quem tuis quinquennalibus praeparaueram hac gemini natalis praedicatione compensem et dicendi munus quod tunc uoti promissione susceperam nunc religione debiti repraesentem. [2]Voueram autem, sacratissime imperator, longe infra spem honoris eius quem in me contulistis (unde enim uel tantam fiduciam mei gererem uel tam improbe concupiscerem ut optare mihi quantum·iudicio uestro sum consecutus auderem ?), uoue-

---

1. L'expression « *sentio a me praecipue hoc officium postulari* » rappelle une formule très proche utilisée par Cicéron au début du *De legibus*, quand son ami Atticus et son frère Quintus le pressent de se consacrer au genre historique : « *Intellego equidem a me istum laborem iam diu postulari* » (*Des lois*, I, III-8).

2. Sur la question controversée du *dies imperii* de Maximien, voir *supra*, Introduction, p. XVIII-XIX.

III (11)

Discours anniversaire de Mamertin
en l'honneur de Maximien

Exorde   I. Tous les hommes, très saint empereur, qui chantent les louanges de votre commune majesté et lui rendent grâces s'efforcent de s'acquitter de ce qui vous est dû (qui pourrait en effet y réussir pleinement ?) ; cependant c'est de moi surtout, je le sens, que l'on réclame, comme au titre d'un intérêt sacré, le soin de faire entendre cette voix de la reconnaissance[1] : on veut que l'attente du discours que j'avais préparé pour tes Quinquennales[2] trouve sa compensation dans ce panégyrique d'un double anniversaire[3] et que le rôle d'orateur dont je m'étais alors chargé par une promesse solennelle, je m'en acquitte aujourd'hui par fidélité à mes engagements. Or j'avais souhaité, très saint empereur, bien loin d'espérer l'honneur[4] que vous m'avez accordé (d'où aurais-je pris en effet une telle confiance en moi et un désir si outrecuidant que d'oser prétendre à tout ce que j'ai obtenu de votre libre choix ?), j'avais sou-

---

3. Faut-il lire *gemini natalis* ou *genuini natalis* ? Voir *supra*, Introduction, p. XIX-XXI.

4. Il est bien difficile de savoir à quoi fait exactement référence ici le terme *honor* : peut-être s'agit-il d'une fonction administrative confiée à l'orateur, mais rien ne nous permet d'énoncer d'hypothèse plus précise. L'orateur se montre particulièrement discret sur cette question — attitude toute différente de celle qu'adoptera Claudius Mamertinus qui, dans son panégyrique de 362, utilisera à plusieurs reprises ce même terme d'*honor* (cf. XI, 1, 3 ; XI, 2, 2 ; XI, 22, 2) et n'hésitera pas à énumérer les fonctions dont il a été gratifié et à multiplier les détails à leur sujet.

ram, inquam, potissimum ut me dignatione qua pridem
audieras rursus audires, siquidem apud tanti praesen-
tiam numinis hoc ipsum mihi maximum dicen*di* prae-
mium uidebatur ut dicerem. ³Gaudeo igitur, si fas est
confiteri, dilatam esse illam cupiditatem meam. Neque
enim orationis eius quam composueram facio iacturam,
sed eam reseruo ut quinquennio rursus exacto decen-
nalibus tuis dicam, quoniam quidem lustris omnibus
praedicandis communis oratio est.

II. ¹Et profecto, si non sensus meos dicatorum
uobis dierum proxima quaeque ueneratio sui maiestate *prae*stringit, hic mihi dies uidetur illustrior
magisque celebrandus qui te primus protulit in lucem.
²Etenim ipsi illi dies quibus imperii auspicia sump-
sistis ob hoc sancti sunt ac religiosi quod tales declara-
rauerint imperatores, at certe uirtutes eas quibus ipsum ornatis imperium geminiuestri procreauere natales.
³Quos quidem, sacratissime imperator, quotiens annis
uoluentibus reuertuntur, uestri pariter ac uestrorum
numinum reuerentia colimus, ⁴siquidem uos dis esse

5. Les titres qui figurent en tête des manuscrits ne paraissent pas
laisser de doute sur l'identité d'origine des panégyriques de 289 et de
291 ; voir *supra*, Introduction, p. XIV-XV.

6. Sur l'utilisation du terme *numen*, voir le panégyrique précédent,
n. 1.

7. Un « lustre » correspond à une période de cinq ans révolus.
L'usage décrit ici par Mamertin n'est pas aussi systématique qu'il paraît
l'affirmer. Toutefois, certains autres panégyriques ont effectivement été
prononcés à l'occasion de célébrations quinquennales (ou décennales...) :
le panégyrique de 311 *(Panégyrique VIII)*, par exemple, est une *gratiarum
actio* qui coïncide avec la fin de la cinquième année de règne de

haité, dis-je, par-dessus tout, d'être encore une fois écouté
de toi avec la même faveur que tu m'avais précédemment
écouté[5] ; la plus haute récompense de la parole me semblait être de parler en présence d'une si haute divinité[6].
Je me réjouis donc, s'il m'est permis de l'avouer, que la
réalisation de ce désir ait été différée. Je ne fais pas en
effet le sacrifice du discours que j'avais composé, je le
mets en réserve afin de pouvoir, au terme d'une nouvelle
période de cinq ans, le prononcer à tes fêtes Décennales,
puisqu'il est d'usage que chaque lustre ait son panégyrique[7].

II. En vérité, si la célébration toute proche[8] de jours
qui vous sont consacrés n'aveugle pas à chaque fois mes
esprits par sa grandeur même, le jour qui me paraît avoir
le plus d'éclat et réclamer le plus de solennité, c'est celui
qui le premier te produisit à la lumière. Les jours mêmes
où vous avez inauguré la dignité impériale sont des jours
vénérables et sacrés parce qu'ils nous ont révélé de si
nobles empereurs, mais les vertus du moins dont vous
faites la parure de cette dignité même, ce sont vos deux
jours de naissance qui les ont créées en vous. Ces jours-
là, très saint empereur, toutes les fois que le cours des
années les ramène, nous les célébrons avec tout le respect
dû à vos personnes ainsi qu'à vos divinités, car vous don-

Constantin ; celui de 321 *(Panégyrique X)* est destiné à commémorer le
cinquième anniversaire de l'élévation conjointe de Crispus et de
Constantin II au rang de Césars, alors que Constantin lui-même achève sa
quinzième année d'exercice du pouvoir. Les commémorations quinquennales étaient célébrées aussi bien au début qu'à la fin de la cinquième
année. Toutefois, si le terme *quinquennalia* (ou *decennalia...*) n'est pas
accompagné d'autre précision, il désigne nécessairement le début de la
cinquième (ou de la dixième...) année.

8. L'adjectif *proxima* porte directement sur *quaeque* ; la proposition
introduite par *si* ne fait donc pas allusion à une célébration récente précise,
mais à l'émotion (cf. *sensus*) que chaque commémoration ne manque
pas de produire sur l'orateur.

genitos et nominibus quidem uestris, sed multo magis
uirtutibus approbatis, quarum infatigabiles motus et
impetus ipsa uis diuinitatis exercet, quae uos tantis
discursibus toto quem regitis orbe deducit ut nos
semper anxios uestri caritate nuper ad libertatem
piae conquestionis impulerit, cum itinera uestra ipsis
hiberni solstitii diebus per uicina illa caelo Alpium
iuga, quibus Italiam natura uallauit, perque illa saxa
et duriorem saxis niuium densitatem desiderio uestri
et amore sequeremur et, *quam* uirtus uestra non sen-
tit, pati uos putaremus iniuriam.

III. [1]Reddidimus tamen rationem sollicitudini *nos-
trae* et inspecta penitus ueritate cognouimus quae
causa faciat ut numquam otio acquiescere uelitis.
[2]Profecto enim non patitur hoc caelestis ille uestri
generis conditor uel parens. Nam primum omnium,

---

9. L'expression *nominibus uestris* fait précisément référence aux
titres respectifs de *Iouius* et d'*Herculius* portés par Dioclétien et
Maximien. Cette mention et l'utilisation ici, ainsi que quelques lignes
plus haut, du possessif de la deuxième personne du pluriel semblent, à
notre avis, laisser supposer que, pour l'orateur, l'événement essentiel
qu'il célèbre dans ce panégyrique est bien l'anniversaire du jour où les
deux corégents ont officiellement et conjointement été élevés au rang de
dieux. Sur l'expression *gemini* (ou *genuini* ?) *natales*, voir *supra*, n. 3.

nez la preuve de votre ascendance divine par vos noms[9] sans doute, mais beaucoup plus par vos vertus dont l'activité infatigable et l'ardeur sont réglées par une puissance divine qui vous conduit par toute l'étendue du monde soumis à vos lois dans de telles expéditions que notre affection toujours inquiète pour vous a pris récemment la liberté de faire entendre de pieuses doléances : c'était au moment où nos regrets et notre amour suivaient votre marche en plein solstice d'hiver[10], à travers ces crêtes des Alpes toutes voisines du ciel, dont la nature a fait un rempart à l'Italie, à travers ces rochers et l'épaisseur des glaciers plus dure que les rochers, où nous songions que vous subissiez l'injure < des intempéries > à laquelle votre vaillance demeure insensible.

III. Néanmoins nous avons fait entendre raison à notre inquiétude et, après mûr examen de la réalité, nous avons compris le motif qui vous empêche de vouloir jamais vous reposer dans l'inaction. Il est sûr en effet que le divin fondateur, le père de votre race[11] n'y consent pas lui-même.

10. Tout ce paragraphe fait allusion à l'entrevue de Dioclétien et de Maximien à Milan, durant l'hiver 290-291 — l'adverbe *nuper* ne fournit pas d'indication plus précise —, à propos de laquelle Mamertin donnera de plus amples détails au long des chapitres VIII-XII : Dioclétien avait franchi les Alpes Juliennes et Maximien les Alpes Cottiennes (cf. III, 9, 3). En mentionnant le « solstice d'hiver », l'orateur semble indiquer que Maximien avait pris la route vers la fin du mois de décembre 290.

11. L'expression au singulier *ille conditor uel parens* désigne nécessairement un seul « divin fondateur », c'est-à-dire Jupiter.

quidquid immortale est, stare nescit sempiternoque
motu se seruat aeternitas. ³Deinde praecipue uestri
illi parentes, qui uobis et nomina et imperia tribue-
runt, perpetuis maximorum operum actionibus occu-
pantur. ⁴Ille siquidem Diocletiani auctor deus praeter
depulsos quondam caeli possessione Titanas et mox
biformium bella monstrorum perpeti cura quamuis
compositum gubernat imperium atque hanc tantam
molem infatigabili manu uoluit omniumque rerum
ordines ac uices peruigil seruat. ⁵Neque enim tunc
tantummodo commouetur, cum tonitrua incutit et ful-
mina iacit, sed etiam si tumultuantia elementorum
officia pacauit, nihilominus tamen et fata disponit et
ipsas quae tacitae labuntur auras placido sinu fundit
et in aduersa nitentem impetu caeli rapit solem. ⁶Iti-

12. Selon la philosophie platonicienne (cf. *Phèdre*, 245c), le « mouvement perpétuel » *(to aeikinèton)* constitue, en fait, un indice de ce qui
est éternel. C'est également l'idée développée par Cicéron dans les
Tusculanes (I, XXIII-53 ; I, XXVII-66), ainsi que dans la *République* (VI,
XXV-27). Quant à Sénèque, il précise que c'est au « mouvement perpétuel » que la divinité doit sa « conservation » (*Consolation à Helvie*, VI,
8). Deux autres panégyristes, l'un s'adressant en 313 à Constantin
Auguste, l'autre, Pacatus, s'adressant en 389 à Théodose, présenteront
également l'incessante activité de l'empereur comme une preuve indé-
niable de son ascendance divine (cf. IX, 22, 1-2 ; XII, 10, 1-2).

13. L'expression au pluriel *uestri illi parentes* désigne ici les
« pères » divins des deux corégents, c'est-à-dire Jupiter, pour
Dioclétien, et Hercule (lui-même fils de Jupiter), pour Maximien,
comme l'orateur le précisera dans les paragraphes suivants.

14. La périphrase *ille Diocletiani auctor deus* renvoie évidemment
à Jupiter, dont le nom n'est jamais mentionné dans ces deux paragraphes (4-5). Le terme *auctor* équivaut à *progenitor* (« ancêtre »).

D'abord tout ce qui est immortel ignore l'immobilité et c'est par le mouvement perpétuel[12] que se maintient l'éternité. Et puis surtout ces dieux qui sont vos pères[13], de qui vous tenez vos noms et vos empires, sont occupés sans fin à l'accomplissement des plus grandes tâches. Le dieu de qui est issu Dioclétien[14], non content d'avoir jadis empêché les Titans[15] de s'emparer du ciel et d'avoir ensuite livré bataille contre les monstres à double forme[16], gouverne, d'un soin ininterrompu, son empire tout pacifié qu'il soit, fait tourner d'une main infatigable cette masse énorme et assure avec une vigilance extrême l'ordre et la succession de tous les phénomènes. Il ne s'agit pas seulement quand il fait retentir le tonnerre et qu'il lance la foudre, mais même lorsqu'il a réduit à la soumission les éléments révoltés, il ne laisse pas pour autant de régler les destins, d'exhaler de son sein paisible les brises qui glissent silencieusement et d'entraîner dans la révolution du ciel le soleil doué d'un mouvement inverse[17]. Il en est

15. Les Titans, qui appartiennent à la génération précédant les dieux olympiens, enfants d'Ouranos (le Ciel) et de Gaia (la Terre), étaient, selon Hésiode, au nombre de douze. Zeus, assisté de sa mère Rhéa, obligea son père Cronos à régurgiter les enfants qu'il avait avalés, puis, avec leur aide, il combattit, pendant dix ans, les Titans restés fidèles à Cronos. Cette Titanomachie ébranla tout l'univers mais Zeus réussit à s'assurer la victoire, et, par là même, le pouvoir suprême. Peut-être faut-il voir dans cette évocation mythologique une allusion à la lutte qui opposa Dioclétien à Carin (cf. *supra*, Introduction, p. XXIV).

16. Ces *monstra biformia* sont les Géants, déjà mentionnés dans le panégyrique de 289 (cf. II, 4, 3). Sur la lutte menée par Jupiter contre les Géants, voir panégyrique précédent, n. 18.

17. L'expression *in aduersa nitentem solem* rappelle les paroles que, dans les *Métamorphoses* d'Ovide, le Soleil adresse à son fils Phaéton : « *Nitor in aduersum* » (*Métamorphoses*, II, 71). Selon la théorie pythagoricienne admise par Platon et, avec quelques variantes, par Héraclide du Pont, le soleil, la lune et les planètes, ainsi que la sphère céleste, décrivent autour de la terre, immobile au centre de l'univers, une révolution diurne d'est en ouest, mais sont aussi animés annuellement d'un mouvement propre en sens contraire.

demque, Maximiane, Hercules tuus. Mitto quod, dum
inter homines erat, terras omnes et nemora pacauit,
urbes dominis crudelibus liberauit, etiam caelo dira-
rum alitum uolucra tela detraxit, etiam terrores in-
ferum abducto custode compescuit; exinde certe
nihilominus post adoptionem caelitum Iuuentaeque
conubium perpetuus est uirtutis adsertor omnibusque
fortium uirorum laboribus fauet, in omni certamine
conatus adiuuat iustiores. [7]His quidem certe diebus,
quibus immortalitatis origo celebratur, instigat, ut
uidemus, illos sacris certaminibus accitos ut pertinaci
animositate certandi multa faciant ipsius similia Vic-
toris. [8]Adeo, sacratissime imperator, utraque uestra
numina semper aliquid agunt agendumue curant, ut
iam nobis illa quam pro uobis susceperamus cura
ponenda sit, cum non laborare uos, sed parentes deos
uideamus imitari cumque praeterea ingenitum illum
uobis diuinae mentis ardorem etiam earum quae pri- .
mae uos suscepere regionum alacritas excitarit. [9]Non

---

18. Dans cette phrase, l'orateur rappelle trois des exploits
d'Hercule. Il mentionne d'abord, de façon assez générale, le rôle civi-
lisateur et pacificateur du héros — comparable à celui de Maximien en
Gaule ; un des *domini crudeles* évoqués ici est le roi mythique d'É-
gypte, Busiris, qui sacrifiait les étrangers abordant dans son royaume et
qui fut massacré par Hercule (cf. Cicéron, *République*, III, IX-15 ;
Ovide, *Métamorphoses*, IX, 182-183) ; peut-être conviendrait-il de rap-
procher Busiris de Carin (cf. *supra*, Introduction, p. XXIV). Quant aux
deux autres allusions, elles font référence, l'une à la victoire remportée
par Hercule sur les oiseaux du lac Stymphale (qui infestaient les bois
environnants en utilisant les pointes acérées de leurs plumes de bronze
comme flèches, pour tuer hommes et bêtes), l'autre au voyage
d'Hercule au royaume des morts (au cours duquel il enleva Cerbère, le

de même, Maximien, de ton ancêtre Hercule. Je ne rap-
pellerai pas, durant son séjour parmi les hommes, toutes
les contrées et les bois pacifiés par lui, les villes libérées
de maîtres cruels, le ciel même purgé des sinistres oiseaux
dont les plumes étaient des flèches, les terreurs même des
enfers apaisées quand il emmena leur gardien[18] ; par la
suite, une fois adopté par les habitants du ciel et marié à
Juventa[19], il n'en reste pas moins le protecteur éternel de
la vertu, il assiste les hommes de cœur dans toutes leurs
entreprises et, en tout conflit, seconde les efforts des justes[20].
En ces jours où l'on fête l'origine de votre immortalité, il
pousse, nous le voyons, les champions que l'on a fait venir
pour les jeux sacrés à réaliser par leur courage opiniâtre
beaucoup d'exploits semblables à ses exploits à lui, le
Victorieux[21]. Les dieux, très saint empereur, qui vous pro-
tègent tous les deux, accomplissent toujours une action
ou en préparent quelque autre, si bien qu'il nous faut nous
défaire de ces inquiétudes que nous avions conçues pour
vous, puisque nous vous voyons non point vous donner du
mal, mais imiter les dieux, vos pères, et puisque l'ardeur
innée en votre âme divine a été stimulée encore par l'activité des régions qui furent vos premières éducatrices.

monstrueux chien gardien de l'entrée des Enfers). Ce dernier mythe
suggère probablement que c'est en surmontant la mort qu'Hercule
gagna finalement l'immortalité.

19. Juventas est la divinité romaine de la Jeunesse, identifiée à la
déesse grecque Hébé qui devint l'épouse d'Héraklès après la mort du
héros et son transfert sur l'Olympe. Mamertin adopte ici la forme
Iuuenta, moins fréquente que *Iuuentas*, en l'empruntant peut-être à
Ovide (cf. *Métamorphoses*, VII, 241 ; *Pontiques*, I, 10, 12).

20. Aux yeux des philosophes stoïciens et cyniques, Hercule était
devenu l'*exemplum* parfait du courage, de la volonté et de la vertu. Il
incarnait aussi l'idéal romain stoïcien de l'homme d'action au service
de l'état (cf. Cicéron, *Des devoirs*, III, V-25).

21. L'épithète *Victor* (ou *Invictus*) est une des plus couramment
associées à l'Hercule romain (cf. panégyrique précédent, n. 4 et 55).

enim in otiosa aliqua deliciisque corrupta parte terrarum nati institutique estis, sed in his prouinciis quas
ad infatigabilem consuetudinem laboris atque patien-
tiae fracto licet oppositus hosti, armis tamen semper
instructus limes exercet, in quibus omnis uita militia
est, quarum etiam feminae ceterarum gentium uiris
fortiores sunt.

IV. ¹Ex istis ergo causis stirpis uestrae patriorumque
institutorum illa eueniunt quae saepe miramur, interdum etiam pro amoris impatientia timebamus, quod
expeditiones uestras numerare non possumus, quod
diutius in isdem manere uestigiis dedignamini, quod
uos a continuo cursu rerum gerendarum non modo
amoenitas locorum aut nobilitas urbium, sed ne ipsa
quidem uictoriarum uestrarum laetitia remoratur.
²Illum modo Syria uiderat : iam Pannonia susceperat.
Tu modo Galliae oppida illustraueras : iam summas
arces Monoeci Herculis praeteribas. Ambo, cum ad
orientem occidentemque occupari putaremini, repente
in medio Italiae gremio apparuistis. ³Hos fructus capitis operum maximorum, sic interim meritorum

22. Il s'agit des provinces danubiennes, et plus précisément de la
Pannonie, patrie de Dioclétien et de Maximien, ainsi que de plusieurs
autres empereurs, comme l'orateur l'a déjà signalé dans le panégyrique
de 289 (cf. II, 2, 2-4 ; n. 12 et 14).

23. Dioclétien a mené campagne contre les Sarmates, peut-être
durant l'été 289, puis contre les Sarracènes venus du désert de Syrie, en
290, sans doute de mai à juin. Dans le courant de l'été 290, il revient
en Pannonie, résidant à Sirmium du 1ᵉʳ juillet au 18 décembre, avant de
se rendre à Milan pour rencontrer Maximien ; voir la chronologie éta-
blie par Barnes (1982 : 51-52).

Ce n'est pas, en effet, dans une partie du monde vouée à l'oisiveté et corrompue par les plaisirs que vous êtes nés et que vous avez été formés, mais dans ces provinces[22] inlassablement entraînées à l'effort et à l'endurance par une frontière qui, tout affaibli que soit l'ennemi auquel elle fait face, n'en est pas moins toujours pourvue de troupes, où pour chacun la vie est un combat et où les femmes mêmes sont plus courageuses que les hommes des autres nations.

IV. C'est donc par votre ascendance et par votre éducation au pays natal que s'explique cette conduite que nous admirons si souvent et qui parfois même nous faisait craindre dans l'impatience de notre affection ; voilà pourquoi nous ne pouvons compter vos expéditions, pourquoi vous dédaignez de demeurer trop longtemps à la même place, pourquoi ni la beauté des lieux ou le renom des villes ni même la joie de vos victoires ne retardent le cours ininterrompu de vos actions. Dioclétien venait à peine de se faire voir en Syrie que déjà la Pannonie l'avait accueilli[23]. Toi, tu venais de parcourir les villes de la Gaule, déjà tu dépassais les hauts sommets d'Hercule Monœcos[24]. Tous les deux, alors qu'on vous avait crus occupés en Orient et en Occident, vous êtes apparus soudain au cœur même de l'Italie[25]. Le seul bénéfice que vous retirez de vos grands travaux, votre seule façon de triompher entre

---

24. *Monoecus* (*Monoikos*, en grec) est un surnom d'Hercule (issu peut-être d'une racine indo-européenne, *mon-*, signifiant « rocher », « promontoire »), auquel doit son nom l'actuelle ville de Monaco — colonie phénicienne puis grecque, où se dressait un temple d'Hercule et qui, depuis le Iᵉʳ siècle av. J.-C., s'appelait *Portus Herculis Monoeci* (cf. Tacite, *Histoires*, III. 42). L'expression *Arx Monoeci* (cf. Virgile, *Énéide*, VI, 830) désigne plus précisément la « forteresse de Monœcus (Monaco) ».

25. L'orateur fait ici allusion à l'entrevue de Dioclétien et de Maximien à Milan, durant l'hiver 290-291 (cf. *supra*, n. 10).

conscientia triumphatis, dum triumphos ipsos semper
uincendo differtis, quod, quaecumque pulcherrima facitis, continuo transitis et ad maiora properatis, ut,
dum uestigia uestra miramur dumque uos adhuc esse
in conspectu putamus, iam de uobis audiamus lon-
ginqua miracula. ⁴Ita omnes prouinciae uestrae, quas
diuina celeritate peragrastis, ubi sitis uicissim nes-
ciunt : sciunt tamen uos ubique uicisse.

V. ¹Sed de rebus bellicis uictoriisque uestris, sacratissime imperator, et multi summa eloquentia praediti
saepe dixerunt et ego pridem, cum mihi auditionis
tuae diuina dignatio eam copiam tribuit, quantum
potui, praedicaui. ²Hodie uero si de duabus rebus,
quas ad hoc tempus aptissimas nisi fallor elegi, dicere mihi fauente uestra maiestate contigerit, de ceteris
ueniam silentii petam. ³Non commemoro igitur uirtute
uestra rempublicam dominatu saeuissimo liberatam,
non dico exacerbatas saeculi prioris iniuriis per clementiam uestram ad obsequium redisse prouincias,
mitto etiam dies festos uictoriis triumphisque celebra-
tos, taceo trophaea Germanica in media defixa barba-
ria, ⁴transeo limitem Raetiae repentina hostium clade

26. La « célérité divine » avec laquelle opèrent aussi bien Dioclétien
que Maximien semble relever du prodige ; dans le discours précédent,
l'orateur n'hésitait d'ailleurs pas à parler de *miraculum* (cf. II, 7, 1).
La formule qui conclut ce chapitre IV n'est pas sans rappeler celle qui
conclut le chapitre V du panégyrique de 289 (cf. II, 5, 4).

27. L'adverbe *pridem* paraît bien renvoyer au discours précédent.
Sur l'identité d'origine des panégyriques de 289 et de 291, voir *supra*,
Introduction, p. XIV-XV.

temps dans la conscience de vos mérites, tandis que vous différez le triomphe lui-même par d'incessantes victoires, c'est, quelque beau succès que vous ayez remporté, de passer outre aussitôt et de courir à des entreprises plus considérables : ainsi, au moment où nous admirons la trace de vos pas et où nous vous croyons encore sous nos yeux, nous entendons déjà parler de vos prouesses lointaines. C'est pourquoi toutes vos provinces, que vous avez parcourues avec une célérité divine, ignorent tour à tour où vous êtes ; elles savent cependant que vous avez partout remporté des victoires[26].

Proposition et division

V. Mais de vos expéditions militaires et de vos succès, très saint empereur, beaucoup d'orateurs doués de la plus haute éloquence ont parlé souvent, et moi-même, il y a quelque temps, quand ta divine estime m'a accordé la faveur de ton audience, je les ai prônés du mieux que j'ai pu[27]. Aujourd'hui, si traitant de deux sujets[28] que j'ai choisis parce qu'ils sont, si je ne me trompe, tout particulièrement appropriés à cette circonstance, j'ai le bonheur de me faire écouter favorablement par votre majesté, je demanderai la permission de me taire sur tout le reste. Je ne rappelle donc point l'État délivré par votre valeur d'une domination tyrannique, je ne parle pas des provinces exaspérées par les injustices de l'époque précédente et ramenées à l'obéissance par votre bonté, je laisse de côté même les jours de fête célébrés en l'honneur de vos victoires et de vos triomphes, je ne souffle mot des trophées germaniques dressés au cœur même de la barbarie, je passe sous silence la frontière de Rétie portée en avant à la suite

---

28. Ces deux « sujets », qui seront développés à partir du chapitre suivant, sont la *pietas* (chapitres VI -XII) et la *felicitas* (chapitres XIII-XVIII).

promotum, omitto Sarmatiae uastationem oppres-
sumque captiuitatis uinculis Sarracenum, etiam illa
quae armorum uestrorum terrore facta sunt uelut
armis gesta praetereo, Francos ad petendam pacem cum
rege uenientes Parthumque uobis munerum miraculis
blandientem ; ⁵nouam mihi propono dicendi legem,
ut, cum omnia uidear silere quae summa sint, osten-
dam tamen inesse laudibus uestris alia maiora.

29. Cette longue prétérition est traditionnellement interprétée, pour
la plupart des événements mentionnés, comme un résumé du panégyrique précédent — bien des expressions, du reste, se retrouvent dans l'un
et l'autre discours. La mention des « provinces ramenées à l'obéissance »
rappelle la lutte victorieuse de Maximien, en Gaule, contre les Bagaudes
révoltés (cf. II, 4, 3). L'allusion aux « jours de fête célébrés en l'honneur
des victoires et des triomphes » est peut-être un rappel du « triomphe »
évoqué en II, 5, 2 et du 1er janvier 287, jour mémorable entre tous où
Maximien inaugura son premier consulat à Trèves (cf. II, 6, 2-5). Les « trophées germaniques » font directement référence à la campagne de Germanie
menée par Maximien, sans doute en 287-288 (cf. II, 7, 2 ; II, 9, 2). Par
l'évocation de la « frontière de la Rétie portée en avant », l'orateur rend un
nouvel hommage à Dioclétien qui, en 288, conduisit une vaste opération
sur la frontière de la Rétie (cf. II, 9, 1). Et, pour clore la phrase, Mamertin
mentionne une nouvelle fois la soumission de Gennobaud et de tout le
peuple franc (cf. II, 10, 3-5), ainsi que celle du roi de Perse — *Parthus* signifie, par extension, « Perse » —, Bahram II, qui, en 287 offrit des « présents

d'une défaite soudaine de l'ennemi, je néglige le ravage
de la Sarmatie et le Sarrazin chargé des chaînes de la captivité, j'omets même ces succès obtenus par la terreur de
vos armes comme s'ils l'avaient été vraiment par vos
armes, les Francs venant avec leur roi sollicitant la paix,
le Parthe cherchant à vous séduire par des présents merveilleux[29]. J'impose à mon discours une obligation nouvelle, celle de montrer, au moment même où je parais taire
ce qu'il y a de plus grand, qu'il y a chez vous à louer
d'autres mérites encore plus grands[30].

merveilleux » à Dioclétien (cf. II, 9, 2 ; II, 10, 6-7). Quant aux trois autres
événements mentionnés dans cette phrase, il n'en était pas question dans
le discours de 289 : sans doute l'orateur suggère-t-il que Dioclétien délivra
l'état de la « domination tyrannique » de Carin en éliminant ce dernier,
mort après la bataille du Margus au printemps 285 (cf. *supra*, Introduction,
p. XXIV) ; par ailleurs, Dioclétien entreprit les campagnes contre les
Sarmates et contre les Sarracènes (cf. *supra*, n. 23) après que le précédent
discours eut été prononcé (21 avril 289).

30. Cicéron, dans le *Pro Marcello*, tenait des propos semblables au
sujet de la rapidité d'exécution de César et de ses victoires : « *Quae ego
nisi ita magna esse fatear ut ea uix cuiusquam mens aut cogitatio cape-
re possit, amens sim ; sed tamen sunt alia maiora* » (« Si je ne procla-
mais pas que de telles prouesses défient la pensée ou l'imagination, je
ne serais qu'un fou ; et pourtant il y a plus grand encore » ; *Pour
Marcellus*, II-6, édition et traduction de M. Lob, Paris, Les Belles
Lettres, C. U. F., 1968[2], p. 38).

VI. ¹Quae igitur illa sunt ? pietas uestra, sacratissime imperator, atque felicitas. Nam primum omnium,
quanta uestra est erga deos pietas ! Quos aris simu-
lacris, templis donariis, uestris denique nominibus
adscriptis, adiunctis imaginibus ornastis sanctioresque
fecistis exemplo uestrae uenerationis. ²Nunc enim
uere homines intellegunt *quae sit* potestas deorum,
cum tam impense colantur a uobis. ³Deinde, id quod
maxime deorum immortalium cum religione coniunc-
tum est, quanta uosmet inuicem pietate colitis ! Quae
enim umquam uidere saecula talem in summa potes-
tate concordiam ? Qui germani geminiue fratres indiuiso patrimonio tam aequabiliter utuntur quam uos
orbe Romano ? ⁴Ex quo profecto ·manifestum est
ceterorum hominum animas esse humiles et caducas,
uestras uero caelestes et sempiternas. ⁵Obtrectant inuicem sibi artifices operum sordidorum, est inter aliquos
etiam canorae uocis inuidia, nihil denique tam uile

31. « Piété » et « bonheur » sont indispensables pour garantir le succès d'un empereur. D'ailleurs, la titulature complète d'un Auguste inclut
régulièrement, juste après le nom, les deux épithètes *P<ius> F<elix>* (cf.
Barnes 1982 : 24). Le lien de cause à effet qui relie la *pietas* et la *felicitas*
ne sera explicité qu'à la fin du développement (cf. III, 18, 5).

32. L'on sait, par divers documents, que Dioclétien avait le plus
grand respect pour les rites traditionnels et, en particulier, que la divi-
nation par l'haruspicine était fort courante, en présence de l'empereur.

33. L'expression *gemini fratres* semble bien confirmer que c'est à
l'occasion d'un *geminus natalis* que ce discours est prononcé (cf.
supra, Introduction, p. XX-XXI).

VI. Lesquels donc ? votre piété, très saint empereur, et votre bonheur[31].

I. *Éloge de la piété* Et tout d'abord quelle est votre piété envers les dieux ! Vous les avez comblés d'autels et de statues, de temples et d'offrandes, de dédicaces enfin à votre nom auxquelles vous avez joint vos images et vous avez ajouté à leur sainteté par l'exemple de votre propre vénération. C'est aujourd'hui vraiment que les hommes comprennent quelle est la puissance des dieux, quand ils les voient par vous si magnifiquement honorés[32]. Et puis, qualité qui touche de très près au culte des dieux immortels, quelle piété dans les égards que vous avez l'un pour l'autre ! Quels siècles ont jamais vu semblable concorde au faîte du pouvoir ? Quels frères, quels jumeaux[33] respectent l'égalité de leurs droits sur un patrimoine[34] indivis autant que vous dans l'administration du monde romain ? Preuve manifeste que, si les âmes des autres hommes sont attachées à la terre et périssables, les vôtres sont d'origine céleste et éternelles[35]. Les artisans des petits métiers se dénigrent entre eux ; entre gens du commun on s'envie même une belle voix[36] ; il n'y a rien, en un mot, de si modeste et de si vulgaire qui

34. Sur la notion de *patrimonium indiuisum* et sur le partage de l'empire au début de la Dyarchie, voir *supra*, Introduction, p. XXVIII.
35. L'orateur se fait ici l'écho de la croyance, exprimée par Cicéron dans le récit du *Songe de Scipion*, selon laquelle seules les âmes des « hommes qui ont bien mérité de la patrie » accèdent à l'immortalité et s'envolent, après la mort du corps, vers leur patrie céleste (cf. *République*, VI, XVII-17 ; VI, XXIII-25—XXVI-29).
36. Il semble s'agir ici d'un *topos* dont la première occurrence se trouve chez Hésiode (*Les Travaux et les Jours*, 24-26), qui précise que l'esprit de compétition est bon pour l'homme : « Le potier en veut au potier, le charpentier au charpentier, le pauvre est jaloux du pauvre et le chanteur du chanteur » (traduction P. Mazon, *op. cit.* p. 87).

tamque uulgare est cuius participes malignis aemula-
tionis stimulis uacent : uester uero immortalis animus
omnibus opibus omnique fortuna atque ipso est maior
imperio. [6]Vobis Rhenus et Hister et Nilus et cum
gemino Tigris Eufrate et uterque qua *solem* accipit et
reddit oceanus, et, quidquid est inter ista terrarum et
fluminum et *litorum*, tam facili sunt aequanimitate
communia *quam* sibi gaudent esse communem oculi
diem. [7]Ita duplices uobis diuinae potentiae fructus
pietas uestra largitur, et suo uterque fruitur et consortis
imperio.

VII. [1]Laurea illa de uictis accolentibus Syria*m*
nationibus et illa Raetica et illa Sarmatica te, Maximiane, fecerunt pio gaudio triumphare. [2]Itidemque hic
gens C*haib*onum Erulorumque deleta et transrhe-
nana uictoria et domi*tis* oppressa Francis bella pira-
tica Diocletianum uotorum compotem reddiderunt.
[3]Diuidere inter uos dii immortales sua beneficia non
possunt : quidquid alterutri praestatur, amborum est.

---

37. L'expression « *nihil denique tam uile tamque uulgare est cuius
participes … uacent* » paraît directement empruntée au *Pro Roscio
Amerino* de Cicéron : « *Denique nihil tam uile neque tam uulgare est
cuius partem ullam reliquerint* » (« Il n'est rien enfin de si peu de
valeur ni de si usuel dont on leur ait laissé la moindre partie » ; *Pour
Sex. Roscius d'Amérie*, XXVI-71, édition et traduction d'H. de la Ville
de Mirmont, Paris, Les Belles Lettres, C. U. F., 1973[4], p. 104).

38. Les cinq fleuves et les deux océans mentionnés ici définissent
approximativement les frontières de l'empire romain à cette époque.
L'expression *uterque oceanus* désigne, à l'ouest, l'Océan Atlantique
« où le soleil s'enfonce », et au nord-est, l'Océan Septentrional « où le
soleil reparaît » et dont la Mer Caspienne était considérée comme un

ne suscite chez ceux qui le possèdent[37] l'aiguillon perfide de la jalousie. Mais votre âme immortelle est au-
dessus de toute puissance, de toute fortune, au-dessus de
l'empire même. Le Rhin, le Danube, le Nil, le Tigre et son
frère l'Euphrate, les deux océans[38] où le soleil s'enfonce
et où il reparaît, toutes les terres, les fleuves, les rivages
situés entre ces points extrêmes, tout cela vous le mettez
en commun avec la même facilité, la même complaisance
qu'est mise en commun la lumière du jour pour la joie des
yeux. Ainsi votre piété double pour vous les avantages
de la puissance divine : chacun de vous jouit à la fois de
son empire et de celui de son associé.

VII. Les lauriers cueillis par Dioclétien dans ses victoires sur les peuples voisins de la Syrie, ses lauriers de
Rétie et de Sarmatie[39] t'ont fait, Maximien, partager son
triomphe avec une joie fraternelle. De même, en nos régions[40], la destruction des Chaibones et des Hérules, ta
victoire au-delà du Rhin, la répression de la guerre des
pirates par la soumission des Francs[41] ont mis Dioclétien
au comble de ses vœux. Les dieux immortels ne peuvent entre vous partager leurs bienfaits, tout ce qui échoit
à l'un de vous deux vous appartient à tous deux. Tout le

golfe. Par ailleurs, seul, vraisemblablement, le Tigre supérieur faisait
alors partie de l'Empire et non l'ensemble de la Mésopotamie (cf. W.
Felix, *Antike literarische Quellen zur Aussenpolitik des
Sasanidenstaates*, Vienne [SB Akad. Wiss. Wien 456], 1985, p. 106) :
l'exagération oratoire relève du genre même du panégyrique.

39. Les victoires de Dioclétien sur les Rètes, les Sarmates et les
Sarracènes ont déjà été mentionnées plus haut (cf. II, 5, 4 et n. 29)

40. Sur l'utilisation de l'adverbe démonstratif *hic*, voir *supra*,
Introduction, p. XVI-XVII.

41. Les victoires de Maximien sur les Chaibones et les Hérules, sur
les peuples germaniques au-delà du Rhin et sur les Francs alliés de
Carausius ont été l'objet de divers développements dans le panégyrique
précédent (cf. II, 5, 2-4 ; II, 7, 2-7 ; II, 11, 4-7). L'orateur ne fait ici
aucune allusion au désastre subi par la flotte que Maximien avait fait
construire pour affronter Carausius (cf. panégyrique précédent, n. 51).

⁴Obstupescerent certe omnes homines admiratione
uestri, etiam si uos idem parens eademque mater
ad istam concordiam naturae legibus imbuissent.
⁵At enim quanto hoc est admirabilius uel pulchrius
quod uos castra, quod proelia, quod pares uictoriae fecere fratres ? Dum uirtutibus uestris
fauetis, dum pulcherrima inuicem facta laudatis,
dum ad summum fortunae fastigium pari gradu
tenditis, diuersum sanguinem affectibus miscuistis.
⁶Non fortuita in uobis est germanitas usque ad
imperium similitudo, quaene etiam interuallum uestrae uincit aetatis et seniorem iunioremque caritate
mutua reddit aequales, ut iam illud falso dictum sit
non delectari societate rerum nisi pares annos. ⁷Intel-
ligimus enim, sacratissimi principes, geminum uobis,
quamuis dispares sitis aetatibus, inesse consensum,
neque tu illi uideris promptior neque tibi ille cunc-
tantior, sed inuicem uosmet imitamini, inuicem uestros
affectatis annos. Sic uos fertis quasi iuniores ambo,
ambo seniores. Neuter plus suis moribus fauet,
uterque se uult hoc esse quod frater est.

VIII. ¹Inde igitur proxime illa impatientia uestrae
pietatis erupit quod uos nulla regionum longinquitas,
nulla iniquitas locorum, nulla tempestatis asperitas
retinere aut morari potuit quominus ad conspectum
uestri peruolaretis. ²Neque enim illud progressio fuit

---

42. Dans le texte de l'édition cuspinienne, se trouve un assez long
passage intercalé entre *germanitas* et *usque*, qui a souvent été interpré-
té comme une glose (cf. *supra*, Introduction, n. 7).

monde serait confondu d'admiration pour vous, même si vous étiez issus du même père et de la même mère, et formés par eux à cette concorde sous l'influence des lois naturelles. Mais combien il est plus admirable et plus beau que la vie militaire, les combats, les victoires semblables aient fait de vous des frères ! En applaudissant mutuellement à vos vertus, en faisant l'éloge réciproque de vos plus hauts exploits, en marchant d'un même pas vers le faîte de la fortune vous avez, par vos sentiments d'affection, réalisé l'union de deux sangs différents. Ce n'est point fraternité de hasard que la ressemblance[42] entre vous jusque dans le pouvoir suprême : ne va-t-elle pas jusqu'à supprimer l'intervalle qui sépare vos âges, jusqu'à faire, grâce à l'amour mutuel, des contemporains de l'aîné et du cadet, et à donner tort au proverbe qui veut que le partage du pouvoir ne plaise qu'à des hommes du même âge[43] ? Nous comprenons en effet, très saints empereurs, qu'en dépit de la différence des âges, il y a entre vous un double accord : toi, tu ne lui sembles pas plus prompt à l'action, lui ne te paraît pas plus hésitant, mais vous vous imitez réciproquement, réciproquement vous prétendez aux années de l'autre. Vous vous conduisez comme si vous étiez tous deux plus jeunes, tous deux plus âgés. Ni l'un ni l'autre n'a de préférence pour son caractère propre, chacun des deux veut être ce qu'est son frère.

VIII. Et c'est pour cette raison que tout récemment[44] votre affection s'est manifestée avec tant d'impatience que ni l'éloignement des contrées où vous étiez, ni la difficulté des lieux, ni les rigueurs de la saison n'ont pu vous retenir, vous retarder, vous empêcher de voler à la rencontre l'un de l'autre. Rien de pareil à une marche, à

---

43. Ce même proverbe est déjà qualifié de « vieux » *(palaios logos)* par Platon, dans le *Phèdre* (240c).

44. L'adverbe *proxime* vient ici enchérir sur *nuper* employé plus haut (cf. III, 2, 4), mais il ne fournit pas d'indication complémentaire quant à la date précise de l'entrevue de Milan (cf. *supra*, n. 10).

nec itineris confectio nec solitis adminiculis usa pro-
peratio. ³Quid simile concitus eques aut ueliuola nauis ?
Diuinus quidam impetus fuit quo repente in eumdem
locum ab utroque solis aduerso fine uenistis ; ipsos
siquidem quos praemiseratis nuntios reliquistis, ipsam
quae uos conata est praeuenire famam praeuertistis,
ut absque paucissimis qui uobis comites haerere
potuerunt ceteri homines fortasse crediderint, quod
dignum est maiestate uestra, diurna uobis et nocturna
curricula utraque mundi lumina commodasse. ⁴Sed
remoueamus istinc fabulas imperitorum, uerum lo-
quamur : uestra uobis pietas, sacratissime imperator,
uolucres dedit cursus. ⁵Etenim cum nihil sit animo
uelocius, uos, quorum igneae immortalesque mentes
minime sentiunt corporum moras, peruecti estis ad uos
mutui desiderii celeritate.

---

45. Il est également possible de considérer qu'ici l'orateur utilise le
terme *eques* à la place d'*equus* (« cheval »), de la même manière que Virgile
dans les *Géorgiques* (III, 116). Servius, dans son commentaire à ce vers
des *Géorgiques*, souligne cette équivalence, tout en précisant que l'usage
ancien assimile un cheval monté par un cavalier à un cavalier montant un
cheval ; et il cite à l'appui de cette interprétation un fragment d'Ennius :
« *Denique ui magna quadrupedes eques atque elephanti / proiciunt
sese* » (*Annales*, VII, 256-7 ; édition E. H. Warmington, 1988⁶, Loeb
Classical Library n° 294, p. 94). L'explication de Servius, accompagnée
de la même citation d'Ennius, sera reprise par Macrobe (*Saturnales*, VI,
IX, 9-12).

l'exécution d'un voyage, à une course hâtive à l'aide des moyens habituels de transport. Pourrait-on rien demander de semblable à la rapidité d'un cavalier[45] ou à la voile[46] d'un navire ? C'est vraiment une impulsion divine qui, en un instant, des deux points opposés qui limitent la course du soleil, vous transporta en un même lieu, puisque vous avez laissé derrière vous les messagers mêmes que vous aviez envoyés en avant, puisque vous avez devancé la renommée elle-même qui s'efforça de vous précéder, si bien qu'à l'exception d'un tout petit nombre de compagnons qui réussirent à s'attacher à vos pas, tous les autres hommes ont été près de croire, par une supposition digne de votre majesté, que les deux flambeaux du monde vous avaient, de jour et de nuit, prêté leur char. Mais loin d'ici les fables des ignorants, ne retenons que la vérité. C'est votre affection réciproque, très saint empereur, qui vous a donné des ailes. Puisqu'il n'est rien de plus prompt que l'esprit[47], vous dont les âmes ont la nature du feu et l'immortalité[48] et ne ressentent en aucune façon l'obstacle des corps, vous vous êtes transportés l'un vers l'autre avec la rapidité de votre mutuel désir.

46. L'adjectif *ueliuolus* apparaît dans l'*Énéide* (I, 224) comme qualificatif de *mare* ; selon Macrobe (*Saturnales*, VI, V, 10), Virgile avait trois modèles anciens : Livius Andronicus (« *maria alta ueliuola* », dans la tragédie *Hélène*) et Ennius (« *nauibus ueliuolis* », *Annales*, XIV, 376 [édition Warmington, p. 138] ; « *naues ueliuolas* », *Andromaque*, 85 [p. 246]). On pourrait encore compléter les références proposées par Macrobe en mentionnant un autre fragment d'Ennius : « *ueliuolantibus nauibus* » (*Alexandre*, 71-72 [p. 242]). Il est fort probable que Mamertin n'ait eu d'Ennius qu'une connaissance de seconde main, sans doute par l'intermédiaire d'un grammairien.

47. Une telle affirmation remonte au moins à Homère (cf. *Iliade*, XV, 80-83). La formule « *nihil sit animo uelocius* » semble être une reminiscence de Cicéron : « *Nihil est animo uelocius* » (*Tusculanes*, I, XIX-43).

48. Voir *supra*, III, 6, 4 et n. 35.

IX. ¹Sed qua tandem uice temporum ? quo tempestatis habitu? Nempe hieme saeuissima et his quoque
regionibus inusitata, cum agros glacies, glaciem niues
premerent caelo pariter ac terris uniformibus cumque
ipsi anhelitus hominum circa sua ora concreti rigore
canescerent. ²Adeo, ut res est, aduersus inclementiam
locorum ac siderum uestrae uos maiestatis potentia
tuebatur et ceteris hominibus atque regionibus ui
frigorum adstrictis et oppressis uos solos aurae lenes
uernique flatus et diductis nubibus ad itinera uestra
derecti solis radii sequebantur, ³tanta facilitate illa
quae tunc aliis forent inaccessibilia superastis atque
inde Iulias, hinc Cottias Alpes quasi relictas aestu
arenas patentium litorum transcurristis. ⁴Eant nunc
rerum ueterum praedicatores et Hannibalem illum
multis laboribus magnaque exercitus sui diminutione
Alpes penetrasse mirentur! ⁵Vos, inuictissimi imperatores, prope soli Alpium uias hibernis niuibus obs-
tructas diuinis uestigiis aperuistis, ut quondam Hercules per eadem illa culmina Hiberiae spolia incomi-
tatus abduxit.

49. Pour se rendre de Sirmium à Milan, Dioclétien fit route à travers les Alpes Juliennes (partie des Alpes qui sépare l'actuelle Slovénie
du Frioul). Quant à Maximien, qui venait de Gaule, il dut, pour passer
en Italie, franchir les Alpes Cottiennes (portion des Alpes occidentales
s'étendant du col de l'Argentière au col du Mont-Cenis).

IX. Mais enfin, en quelle saison, dans quelles conditions de tempéature ? Ce fut par l'hiver le plus rude, inhabituel même en ces régions, alors que la glace recouvrait les champs et que la neige recouvrait la glace, alors que le ciel et la terre n'offraient qu'un même aspect et qu'autour de la bouche des hommes la gelée condensait et blanchissait l'haleine. Tant il est vrai, comme l'événement le prouve, que vous étiez protégés contre l'inclémence des lieux et de la saison par la puissance de votre majesté et, tandis que les autres hommes, partout ailleurs, étaient glacés et paralysés par la rigueur du froid, vous seuls étiez accompagnés par de douces brises, des souffles printaniers, par les rayons du soleil qui, écartant les nues, se portaient droit sur vos routes. Tant fut grande la facilité avec laquelle vous avez franchi ces obstacles qui pour d'autres eussent été à ce moment insurmontables et traversé, lui, les Alpes Juliennes, toi, les Alpes Cottiennes[49], comme des plages abandonnées par la marée sur des rivages découverts. Et maintenant, que l'on nous vante les exploits d'autrefois et que l'on s'étonne que le fameux Hannibal se soit frayé un chemin à travers les Alpes, au prix de mille efforts et de pertes considérables pour son armée. Vous, invincibles empereurs, vous avez, pour ainsi dire seuls, ouvert devant vos pas divins les routes des Alpes fermées par les neiges d'hiver, comme jadis Hercule emmena, sans un compagnon, à travers ces mêmes sommets, les dépouilles de l'Hibérie[50].

50. Pour se procurer les bœufs de Géryon, Héraklès dut aller jusqu'aux confins extrêmes de l'occident, sur l'île mythique d'Érythrie dans l'Océan. Après avoir tué le chien Orthros, le berger Eurytion et le monstrueux Géryon lui-même, il conduisit, seul, le bétail d'Espagne en Italie, au cours d'un long voyage par voie terrestre (cf. II, 2, 1).

X. ¹Tum, si fortunae causaeque Hannibalis ac uestrorum itinerum comparentur, quanto haec uestra
dis hominibusque acceptiora sunt! Quanto laude ac
sempiterna memoria digniora! ²Tunc Poeno ex summis Alpibus uiso Italia contremuit, statim pecua agri-
que deserti, omnes familiae rusticanae siluas et fera-
rum cubilia petiuere. ³Quo nuntio accepto omnibus
oppidis matres Italae pensa e manibus abiecerunt,
paruos liberos arreptos ad templa traxerunt, ibi aedes
sacras passo capillo suo quaeque uerrebat, uario planctu
ploratuque futuris cladibus omina dabant, Trasimen-
num et Cannas dolore praesago praecanebant. ⁴Nunc
autem, ut primum ex utrisque Alpium iugis uestrum
numen effulsit, tota Italia clarior lux diffusa, omnibus
qui suspexerant aeque admiratio atque dubitatio iniecta est quinam dei illis montium uerticibus orirentur,
an his gradibus in terras caelo descenderent. ⁵Vt uero
propius propiusque coepti estis agnosci, omnes agri
oppleti non hominibus modo ad uisendum procurren-
tibus, sed etiam pecudum gregibus remota pascua et
nemora linquentibus, concursare inter se agricolae,

---

51. Cette description de la panique provoquée en Italie par l'approche
d'Hannibal est empruntée à Tite-Live (XXVI, IX) — il s'agit même parfois d'emprunts littéraux. Toutefois, selon l'historien, ces scènes de terreur
collective ont pu être observées au moment où Hannibal marche sur Rome
pour délivrer Capoue (211 av. J.-C.), et non après son passage des Alpes
et la déroute de l'armée romaine près de la Trébie (octobre-novembre 218
av. J.-C.). Tite-Live (XXI, LVII, 1) signale seulement que la nouvelle de
cette défaite suscite la frayeur à Rome.

X. Et puis, si l'on mettait en parallèle le sort et les raisons de l'expédition d'Hannibal avec vos marches, à vous, combien les vôtres ont plus qu'elle l'agrément des dieux et des hommes ! Combien sont-elles plus dignes de louange et d'éternelle mémoire ! Alors, quand le Carthaginois apparut au sommet des Alpes, l'Italie trembla ; aussitôt l'on abandonna les troupeaux et les champs, et toutes les familles paysannes gagnèrent les forêts et les repaires des bêtes sauvages. À cette nouvelle, dans toutes les cités, les mères italiennes laissèrent tomber de leurs mains leur quenouillée, se saisirent de leurs petits enfants et les traînèrent vers les temples ; là, chacune d'elles, de sa chevelure défaite, balayait le sol des édifices sacrés ; les manifestations diverses de leur deuil et leurs lamentations faisaient augurer des désastres futurs et leur douleur prophétique annonçait par avance Trasimène et Cannes[51]. Mais aujourd'hui, dès que sur l'un et l'autre sommet des Alpes brilla votre divinité, sur l'Italie entière se répandit une lumière plus éclatante et tous ceux qui avaient levé les yeux furent saisis d'étonnement en même temps qu'ils se demandèrent quels[52] dieux se levaient à la cime de ces monts et s'ils empruntaient ces degrés pour descendre du ciel sur la terre. Mais quand, au fur et à mesure de votre approche, on commença à vous reconnaître, tous les champs s'emplirent non seulement d'hommes accourus pour vous voir, mais encore de troupeaux de bêtes abandonnant les pâturages écartés et les bois : les paysans couraient des uns aux autres, annonçaient dans tous les villages ce qu'ils avaient vu ; sur les

---

52. La formule « *admiratio atque dubitatio iniecta est quinam* » résonne comme un souvenir de Cicéron : « *Hic tum iniectus est hominibus scrupulus et quaedam dubitatio quidnam esset actum* » (« Alors dans les esprits il se glissa un doute, une manière de soupçon sur ce qui avait bien pu se passer » ; *Pour Cluentius*, XXVIII-76, édition et traduction de P. Boyancé, Paris, Les Belles Lettres, C. U. F., 1953, p. 104).

nuntiare totis *uicis* uisa, arae incendi, tura po'ni, uina
libari, uictimae caedi, cuncta gaudio calere, cuncta
plausibus tripudiare, dis immortalibus laudes grates-
que cantari, non opinione traditus, sed conspicuus et
praesens Iuppiter cominus inuocari, non aduena, sed
imperator Hercules adorari.

XI. ¹Quid illud, di boni! Quale pietas uestra spec-
taculum dedit, cum in Mediolanensi palatio admissis
qui sacros uultus adoraturi erant conspecti estis ambo
et consuetudinem simplicis uenerationis geminato
numine repente turbastis! ²Nemo ordinem numinum
solita secutus est disciplina; omnes adorandi mora
restiterunt duplicato pietatis officio contumaces. ³At-
que haec quidem uelut interioribus sacrariis operta
ueneratio eorum modo animos obstupefecerat quibus
aditum uestri dabant ordines dignitatis. Vt uero limine
egressi per mediam urbem simul uehebamini, tecta
ipsa se, ut audio, paene commouerunt, omnibus uiris
feminis, paruulis senibus aut per fores in publicum
proruentibus aut per superiora aedium lumina immi-
nentibus. ⁴Clamare omnes prae gaudio, iam sine metu
uestri et palam manu demonstrare : « Vides Diocletianum ? Maximianum uides? Ambo sunt, pariter

53. Dioclétien et Maximien sont apparus, aux yeux des populations
qui les ont vus descendre des montagnes, comme deux divinités ; c'est à
ce titre qu'à leur arrivée à Milan *(aduentus)*, ils sont l'objet non d'une
salutatio, mais d'une *adoratio* *(proskunèsis* ; cf. panégyrique précédent,
n. 43). Sur ces cérémonies de l'*aduentus* et de l'*adoratio*, voir *supra*,

autels les feux s'allumaient, on y versait l'encens, on y faisait des libations de vin, on immolait des victimes ; partout une joie ardente, partout des danses et des applaudissements ; on chantait aux dieux immortels des hymnes de louange et de reconnaissance ; on invoquait de près Jupiter, non point celui que la légende nous a transmis, mais visible et présent ; on adorait un Hercule qui n'était point un étranger, mais l'empereur !

XI. Quels instants, dieux bons ! quel spectacle offrit votre piété, quand, dans votre palais de Milan, vous êtes apparus tous les deux à ceux qui avaient été admis à adorer vos visages sacrés et quand la présence soudaine de votre double divinité déconcerta les hommages qui ne s'adressaient d'ordinaire qu'à une seule. Personne n'observa la hiérarchie des divinités suivant le protocole habituel : tous s'arrêtèrent le temps de vous adorer, s'attardant à remplir un double devoir de piété. Cet acte d'adoration[53] qui s'était dissimulé en quelque sorte à l'intérieur d'un sanctuaire avait frappé d'étonnement les âmes de ceux seulement à qui leur rang parmi les dignitaires donnait accès auprès de vos personnes. Mais lorsqu'une fois passé le seuil du palais vous vous êtes avancés tous deux sur le même char au milieu de la ville, les maisons elles-mêmes, me dit-on, furent près de se mouvoir, tandis que tout le monde, hommes et femmes, enfants et vieillards, se précipitaient dans les rues par les portes ou se penchaient sur vous par les fenêtres des étages supérieurs. Tous criaient de joie, désormais sans crainte de vous, et ostensiblement ils vous montraient de la main : « Vois-tu Dioclétien ? vois-tu Maximien ? Ils sont là tous

Introduction, p. XIII ; XXIX. Les expressions *consuetudo uenerationis* et *solita disciplina* laissent supposer que Dioclétien et Maximien ne sont pas les premiers Augustes à recevoir un tel hommage de la part de personnages de haut rang, admis en présence des empereurs comme s'ils étaient des initiés de quelque religion à mystères (cf. *uelut interioribus sacrariis*).

sunt ! Quam iunctim sedent! Quam concorditer collo-
quuntur! Quam cito transeunt ! » ⁵Nemo studio
suo par fuit oculis ad intuendum, dumque uos al-
terna cupiditate mirantur, neutrum satis uidere
potuerunt.

XII. ¹Ipsa etiam gentium domina Roma immodico
propinquitatis uestrae elata gaudio uosque e speculis
suorum montium prospicere conata, quo se uultibus
uestris propius expleret, ad intuendum cominus quantum potuit accessit. ²Lumina siquidem senatus sui
misit beatissimae illi per eos dies Mediolanensium
ciuitati similitudinem maiestatis suae libenter impar-
tiens, ut ibi tunc esse sedes imperii uideretur quo
uterque uenerat imperator. ³Interim tamen, dum mihi
ante oculos pono cotidiana uestra colloquia, coniunctas
in omni sermone dexteras, ioca seriaque communicata,
obtutu mutuo transacta conuiuia, illa me cogitatio
subit quanam animi magnitudine ad reuisendos exercitus uestros discesseritis pietatemque uestram utili-
tate reipublicae uiceritis. ⁴Qui tunc uestri sensus
fuere ? qui uultus ? Quam impatientes ad dissimulan-
dum indicium perturbationis oculi ? Respexistis profecto saepius, neque haec de uobis uana finguntur.
⁵Talia uobis dedistis omina, cito ad conspectum mu-
tuum reuersuri.

54. Ces deux paragraphes tendent bien à montrer qu'à la fin du
IIIᴱ siècle la capitale de l'Empire n'est plus la ville de Rome (trop
excentrée), mais le lieu de résidence de l'empereur.

les deux, ils sont ensemble. Comme ils sont assis l'un près de l'autre ! quelle cordialité dans leur entretien ! Comme ils passent vite ! » Personne n'eut à son gré assez d'yeux pour vous contempler : tandis que l'on vous admirait avidement tour à tour, on n'a pu, ni l'un ni l'autre, vous voir suffisamment.

XII. La souveraine des nations, Rome elle-même, transportée de la joie immodérée que lui causait votre proximité, essayait de vous apercevoir du haut des observatoires de ses monts afin de pouvoir de plus près rassasier sa vue de vos visages et, pour vous contempler, elle se rapprocha de vous autant qu'elle le put. En effet elle dépêcha les lumières de son sénat, accordant volontiers à la cité milanaise, si heureuse pendant ces jours, quelque chose de sa propre majesté, si bien que la capitale de l'empire paraissait alors être la ville où s'étaient réunis les deux empereurs[54]. Cependant, quand je me représente vos entretiens quotidiens, vos mains unies dans toutes vos conversations, l'échange de vos propos enjoués ou sérieux[55], les banquets se déroulant sous vos regards réciproques, je me prends à penser à la force d'âme qu'il vous a fallu pour vous séparer, pour rejoindre vos armées et faire passer l'intérêt de la chose publique avant votre affection personnelle. Quels furent alors vos sentiments, vos visages ? Comme vos yeux réussissaient mal à dissimuler l'aveu d'une émotion ! Plus d'une fois, j'en suis sûr, vous vous êtes retournés l'un vers l'autre, et ce ne sont pas là vains propos imaginés sur votre compte : tels sont les souhaits que vous avez échangés, bien décidés à vous revoir promptement.

---

55. Peut-être l'expression *ioca seriaque* provient-elle, indirectement (?), de Salluste (*Guerre de Jugurtha*, XCVI : « *Ioca atque seria agere* »). Le terme *iocus* (comme *locus*) dispose de deux formes de pluriel, *ioci* et *ioca* : *ioca* est un collectif neutre, formant un couple antithétique avec *seria*.

XIII. [1]Facilis est mihi transitus, sacratissime imperator, ab hac pietatis uestrae laude ad praedicationem
felicitatis. Hoc enim ipsum felicitatis est quod ut
conspicere uos inuicem complectique possitis in manu
uestra est. [2]Solem ipsum lunamque cernimus, quia
totius mundi funguntur officiis, non nisi post multa
saecula certa lege temporum conuenire : uestra tam
libera est et beata maiestas ut in summis rebus generis
humani nihil uobis necesse sit nisi uestrae parere
pietati. [3]Ceterum, si quis ad humana respiciat, quanto
magis magnitudo uestrae felicitatis appareat ! Homines
priuatis rebus intenti ita plerumque propriis difficul-
tatibus implicantur ut omni aeuo careant aditu suorum : [4]uos tantae rei publicae administratione suscep-
ta, quos huc atque illuc tot urbes, tot castra, tot
limites, tot circumiecta Romano imperio flumina,
montes, litora uocant, tantum animis ac fortuna ualetis
ut in unum conuenire possitis nihilominus orbe securo.
[5]Neque enim pars ulla terrarum maiestatis uestrae
praesentia caret, etiam cum ipsi abesse uideamini.

56. Cette phrase fera l'objet de plus amples explications un peu
plus loin (cf. III, 13, 5-14, 4).

57. L'orateur fait ici allusion à la « Grande Année » *(Annus Magnus)*
qui marquait le retour de l'ensemble des planètes à leur point de dé-
part, dans le même alignement qu'au jour de la création (cf. Cicéron,
République, VI, XXII-24 ; *De la nature des dieux*, II, XX-51-53 ; Tacite,
Dialogue des orateurs, XVI, 7, citant l'*Hortensius* ; Servius, *Commentaire
sur Virgile, Énéide*, III, 284 ; Censorinus, *Le Jour natal*, 18, 8-11 ;
Macrobe, *Commentaire au songe de Scipion*, II, XI, 8). Macrobe consi-
dérera cette « Grande Année » comme « l'année parfaite » *(annus*

II. Éloge du bonheur   XIII. La transition m'est facile,
    des empereurs   très saint empereur, de cet éloge
                           de votre piété à celui de votre
bonheur. Un effet même de ce bonheur, c'est que vous
pouvez à votre gré vous revoir et vous embrasser[56]. Le soleil et la lune, en raison même des fonctions dont ils s'ac-
quittent au service du monde entier, ne voyons-nous pas
qu'ils n'entrent en conjonction qu'après nombre de siècles,
selon la loi inflexible des temps[57] ? Mais votre majesté a
tant d'indépendance et de bonheur qu'au faîte des gran-
deurs humaines il n'y a pour vous d'autre nécessité que
d'obéir à votre affection. Si quelqu'un tournait ses regards
vers les choses de ce monde, combien apparaîtrait davantage l'étendue de votre bonheur ! Les hommes atten-
tifs à leurs intérêts privés sont la plupart du temps enga-
gés personnellement dans de telles difficultés que, pendant
toute leur vie, ils se privent de rendre visite à leurs amis ;
vous qui assumez la charge d'administrer un si grand empire, vous qu'appellent ici et là tant de villes, de camps,
de frontières, tant de fleuves, de montagnes, de rivages situés au pourtour du monde romain, telle est votre vigueur
d'esprit et telle est votre fortune que vous pouvez vous réunir en quelque endroit, sans compromettre pour autant
la sécurité du monde. Il n'est en effet pas un coin de terre
qui soit privé de la présence de votre majesté, même quand
vos personnes en paraissent absentes.

---

mundanus), en lui assignant une durée de 15 000 ans. Selon Censorinus
(21, 11), on la nommait également « année solaire », « année canicu-
laire » ou « année de dieu » ; sa durée était estimée de façon fort va-
riable (cf. *Le Jour natal*, 18, 10-11) : pour les Égyptiens le cycle durait
1 460 ans, pour Aristarque 2 484 ans, pour Arétès de Dyrrachion 5 552
ans, pour Héraclite et Linos 10 800 ans, pour Dion 10 884 ans, pour
Orphée 120 000 ans, pour Cassandros 3 600 000 ans… Selon l'*Hortensius*
(cité par Tacite, *Dialogue des orateurs*, XVI, 7), cette « grande Année »
comprenait 12 954 ans.

XIV. ¹Ne tantulum quidem barbarae nationes au-
dent animos attollere, quod uos in interiorem imperii
uestri sinum secesseritis ; quin immo ipsi magis in
uobis fiduciam pertimescunt quod se contemni sentiunt, cum relinquuntur. ²Itaque illud quod de uestro
cecinit poeta Romanus Ioue « Iouis omnia plęna », id
scilicet animo contemplatus, quanquam ipse Iuppiter
summum caeli uerticem teneat supra nubila supraque
uentos sedens in luce perpetua, numen tamen eius ac
mentem toto infusam esse mundo, id nunc ego de
utroque uestrum audeo praedicare : ³ubicumque sitis,
in unum licet palatium concesseritis, diuinitatem
uestram ubique uersari, omnes terras omniaque maria
plena esse uestri. ⁴Quid enim mirum si, cum possit
hic mundus Iouis esse plenus, possit et Herculis?

XV. ¹Admonet me et temporis et loci ratio et maiestatis tuae reuerentia ut finem dicendi faciam, quam-
quam de felicitate uestra tam pauca dixerim et tam
multa restent. ²Sed ecce suggerunt : « Adhuc potes
dicere de salubritate temporum et fertilitate terrarum. » ³Reuera enim, sacratissime imperator, scimus
omnes, antequam uos salutem rei publicae redderetis,
quanta frugum inopia, quanta funerum copia fuit

58. « *Iouis omnia plena* » est une citation de Virgile, *Bucoliques*, III,
60.

59. L'empyrée, la plus élevée des quatre sphères célestes, contenait
les feux éternels (c'est-à-dire les astres) et était le séjour des dieux.

60. L'expression « *mentem toto infusam esse mundo* » paraît être
une réminiscence de Virgile (*Énéide*, VI, 726-727 : « *Totamque infusa
per artus mens agitat molem* ») ; voir *supra*, Introduction, n.175.

61. L'orateur proclame une fois encore avec force l'égalité des
deux Augustes (cf. III, 6, 3).

XIV. Les peuples barbares n'osent pas le moins du monde redresser la tête à la pensée que vous vous êtes retirés au cœur de votre empire ; bien au contraire, ce qu'ils redoutent en vous davantage, c'est votre assurance, parce qu'ils se sentent méprisés quand vous les laissez derrière vous. Ainsi le mot du poète romain sur Jupiter, votre patron : « Tout est plein de Jupiter[58] » – il considérait évidemment que, si Jupiter en personne habite le plus haut sommet du ciel, par-delà les nues et par-delà les vents, assis au sein d'une lumière perpétuelle[59], sa divinité du moins et sa pensée sont infuses dans tout l'univers[60] – ce mot, dis-je, j'ose aujourd'hui, pour mon compte, le redire de chacun de vous : où que vous soyez, même si vous vous êtes retirés dans le même palais, partout se trouve votre divinité, toutes les terres et toutes les mers sont pleines de vous. Quoi d'étonnant à ce que ce monde, puisqu'il peut être plein de Jupiter, puisse l'être aussi d'Hercule[61] ?

XV. Les considérations de temps et de lieu, le respect dû à ta majesté m'invitent à mettre un terme à mon discours, bien que j'aie si peu parlé de votre bonheur et qu'il me reste tant à dire. Mais voici que l'on me suggère : « Tu peux encore parler de la salubrité de ces temps et de la fertilité des terres. » En vérité, très saint empereur, nous le savons tous : quelle était, avant que vous n'ayez rendu la santé à l'État, la pauvreté des récoltes et quel était le nombre des morts causé par la famine et les maladies[62]

---

62. Peut-être l'orateur se souvient-il de l'épidémie de peste qui, à partir de 251 et pendant presque vingt ans, ravagea toutes les régions de l'Empire et entraîna de très nombreuses pertes en vies humaines. La malaria se développa même en Italie, signe de la misère et de la déficience sanitaire. Vers la fin du IIIe siècle, à la suite de ces épidémies, mais aussi des multiples guerres, des tremblements de terre et à cause de la famine, l'empire romain connaît une très forte dépopulation et l'appauvrissement général est évident (cf. Petit 1974 : II, 215-217).

fame passim morbisque grassantibus ! Vt uero lucem
gentibus extulistis, exinde salutares spiritus iugiter
manant. ⁴Nullus ager fallit agricolam, nisi quod
spem ubertate superat. Hominum aetates et numerus
augetur. Rumpunt horrea conditae messes et tamen
cultura duplicatur. Vbi siluae fuere, iam seges est :
metendo et uindemiando deficimus.

XVI. ¹Illud uero, non suggeratur licet, quo*quo*
modo dicam, antequam desina*m* : tantam, esse imperii uestri felicitatem *ut* undique se barbarae nationes
uicissim lacerent et excidant, alternis dimicationibus
et insidiis clades suas duplicent et instaurent, Sarma-
ticas uestras et Raeticas et transrhena*n*as expeditiones
furore percitae in semet imitentur. ²Sancte Iuppiter
et Hercules bone, tandem bella ciuilia ad gentes illa
uesania digna*s* transtulistis omnemque illam rabiem
extra terminos huius imperii in terras hostium distu-
listis. ³Etenim, quod ait ille Romani carminis primus
auctor :

« A sole exoriente *u*sque ad Maeotis paludes »,

id nunc longius longiusque protendere licet,`si qui

---

63. Dioclétien et Maximien apparaissent ici comme de véritables
restaurateurs de la « lumière de l'Empire ». L'expression *uera imperii
lux* sera associée à Constance Chlore dans le *Panégyrique* IV (19, 2) ;
et un médaillon, découvert près d'Arras, portant au droit le buste lauré
de Constance, présente au revers l'inscription *Redditor lucis aeternae.*

64. Il semble bien — même si l'exagération fait partie intégrante
du genre du panégyrique — que, sous le règne de Dioclétien et
Maximien, durant la Dyarchie, l'Empire ait connu une grande prospérité (cf. Orose, *Histoire contre les païens*, VII, 26).

qui fondaient sur nous de tous côtés ! Mais une fois que vous avez fait briller la lumière[63] sur les peuples, depuis lors des souffles bienfaisants se répandent sans cesse sur le monde. Aucun champ ne trompe le cultivateur, si ce n'est que sa fécondité passe les espérances. Les hommes voient s'allonger leur vie et croître leur nombre. Les moissons font ployer les greniers où elles sont rentrées et du reste les terres cultivées ont doublé d'étendue ! Là où étaient des forêts, il y a désormais des terres ensemencées : nous ne suffisons pas à la moisson et à la vendange[64] !

XVI. Il y a une chose qu'avant de terminer je tiens à dire de toute façon, sans qu'on me la suggère, c'est que votre empire a ce bonheur de voir de toutes parts les nations barbares se déchirer entre elles et s'exterminer, doubler et renouveler leurs désastres par leurs conflits et leurs traîtrises réciproques, et, sous l'emportement de la fureur, recommencer contre elles-mêmes vos expéditions de Sarmatie, de Rétie et de Transrhénanie. Vénérable Jupiter, et toi, bienveillant Hercule, vous avez enfin transporté les guerres civiles chez des peuples dignes de cette folie et vous avez transplanté toute cette rage hors des frontières de notre empire sur la terre de nos ennemis. En effet, les limites marquées par le grand poète, père de la poésie romaine[65] – « Depuis le soleil levant jusqu'au Palus-Méotide[66] » –, il est possible de les étendre maintenant plus loin et plus loin encore, si

65. L'usage latin avait en quelque sorte consacré la formule *Ennius Pater*. Avec les *Annales*, Ennius a véritablement inauguré une ère nouvelle dans la poésie latine : le poème n'était plus composé en vers saturniens (comme les épopées antérieures de Livius Andronicus et Naevius), mais en hexamètres dactyliques.

66. L'orateur cite ici un vers d'une épigramme d'Ennius (*Epigrammata*, 1 ; édition Warmington, p. 400). Il s'agit du premier vers d'un distique qui nous est connu par une citation de Cicéron (*Tusculanes*, V, XVII-49), attribuée à l'Africain : on y lit *supra* et non *usque ad*. Mamertin n'a vraisemblablement pas une connaissance directe d'Ennius (cf. *supra*, n. 46).

hostilem in mutua clade uesaniam toto orbe percen-
seat. ⁴Etenim ab ipso solis ortu non modo circa
Maeotim ac sub extrema septentrionis plaga, qua
feruidum caput Danuuius euoluit quaque horridus
secat Alba Germaniam, ⁵sed etiam sub ipso lucis
occasu, qua Tingitano litori Calpetani montis obuium
latus in mediterraneos sinus admittit oceanum, ruunt
omnes in sanguinem suum populi, quibus numquam
contigit esse Romanis obstinataeque feritatis poenas
nunc sponte persoluunt.

XVII. ¹Furit in uiscera sua gens effrena Mauro-
rum, Gothi Burgundos penitus excidunt rursumque
pro uictis armantur Alamanni itemque Teruingi, pars
alia Gothorum, adiuncta manu Taifalorum, aduersum
Vandalos Gipedesque concurrunt. ²Ipsos Persas ip-

---

67. Le lac Maeotis correspond à l'actuelle mer d'Azov ; il était
considéré, par les Romains, comme une sorte de bout du monde, à l'extrême nord-est de l'Europe. Cette évocation du nord lointain est com-
plétée par la mention de deux fleuves, le Danube — Virgile
(*Géorgiques*, III, 349-350) associe également « l'onde Méotide » et
« l'Ister » (le Danube) — et l'Elbe.

68. Le mont Calpé formait une des deux colonnes érigées par
Hercule, de part et d'autre du détroit de Gilbraltar. La Tingitane
(Mauritanie Tingitane) est la région qui s'étend autour de la ville de
Tinge (ou Tingi, actuellement Tanger).

69. Ce peuple qui mène perpétuellement des luttes fratricides sera nom-
mément désigné au tout début de la phrase suivante : il s'agit des Maures.

70. Les peuples nommés après les Maures habitent, sauf les
Alamans, au-delà de la frontière du Danube. Les Goths, originaires des
environs de la mer Baltique, avaient fait mouvement vers le sud et
s'étaient établis sur les bords de la Mer Noire, entre la frontière de la
Dacie et le Tanaïs (le Don actuel) ; ils étaient subdivisés en deux
branches, les Tervinges, Goths de l'ouest (plus tard appelés Wisigoths),
et les *Greuthungi*, Goths de l'est (plus tard appelés Ostrogoths), proba-

l'on considère à travers le monde entier la fureur des ennemis à se massacrer entre eux. Car du soleil levant, non
seulement jusqu'au Palus-Méotide[67] et aux extrémités de
la zone septentrionale, là où le Danube entraîne les eaux
bouillonnantes de sa source et où l'Elbe sauvage partage
la Germanie, mais aussi au soleil couchant, là où le flanc
du mont Calpé fait face au rivage de la Tingitane[68] et laisse
l'Océan pénétrer dans le golfe méditerranéen, tous les
peuples qui n'ont jamais eu la chance d'être Romains se
ruent contre leur propre race et s'infligent eux-mêmes le
châtiment dû à leur barbarie invétérée[69].

XVII. Le peuple déchaîné des Maures tourne sa fureur
contre son propre sein ; les Goths exterminent complète-
ment les Burgondes et, à leur tour, les Alamans ainsi que
les Tervinges s'arment pour la défense des vaincus ; une
autre partie des Goths, avec l'aide d'un corps de Taïfales,
fond sur les Vandales et les Gépides[70]. Avec l'assistance

blement désignés simplement ici par le terme *Gothi* ; sans doute faut-il
dès lors comprendre que l'expression *pars alia Gothorum* est mise en
apposition à *Teruingi* et, de ce fait, ne pas utiliser un point-virgule dans
la traduction mais une simple virgule, comme dans le texte latin (pour
des arguments plus précis quant au choix de cette ponctuation, voir
Nixon & Rodgers 1994 : 100-101, n. 82). Le peuple germanique des
Burgondes, vivant d'abord sur les rives de la Baltique, s'était installé
dans la vallée de la Vistule. Les Taïfales étaient un peuple sarmate et
les Gépides un peuple scythe. Quant aux Vandales, peuplade germanique d'origine scandinave, ils avaient progressé vers le sud et étaient
devenus les voisins occidentaux des Tervinges. Il semble bien que c'est
dans ce panégyrique que soit, pour la première fois, fait mention des
Tervinges, des Taïfales et des Gépides. En ce qui concerne les Alamans,
leur présence, dans ce contexte, ne peut qu'étonner : comme ils résident
dans les *campi decumates* (cf. panégyrique précédent, n. 21), il est bien
peu vraisemblable qu'ils aient été aux prises avec des Goths de l'est.
Aussi conviendrait-il vraisemblablement de lire, au lieu d'*Alamanni*,
Alani — les Alains, peuple nomade d'origine iranienne, vivaient dans
les régions du Caucase et seul le fleuve Tanaïs les séparait des Goths.
Mais le débat reste ouvert (cf. Nixon & Rodgers 1994 : 100, n. 82).

sumque regem adscitis Sacis et Ruſiis et Gelis petit
frater Ormies nec respicit uel pro maiestate quasi
regem uel pro pietate quasi fratrem. ³Burgundiones
Alamannorum agros occupauere, sed sua quoque clade
quaesitos. Alamanni terras amisere, sed repetunt.
⁴O magnam uim numinis uestri ! Non istae modo
aliaeque gentes uiribusque armisque terribiles fiducia
instructae ad perniciem immanitatis utuntur, sed
etiam Blemyes illi, ut audio, leuibus modo assueti
sagittis aduersus Æthiopas quaerunt arma, quae non
habent, et paene nudis odiis praelia interneciua com-
mittunt.

XVIII. ¹Iam de perduellibus ultionem non armis, non
exercitu capitis, sicut hucusque fecistis : iam, inquam,
fortunatissimi imperatores, felicitate uincitis sola.
²Ecquid umquam Romani principes de felicitate sua
praedicari laetius audierunt quam cum diceretur hostes
quiescere, otiosos esse, pacem colere ? ³At enim quanto
hoc est laetabilius ac melius quod de prosperitate
saeculi uestri certatim omnium hominum circumfertur
ore : « Concurrunt barbari ad arma, sed inuicem
dimicaturi ! » « Vicerunt barbari, sed consanguineos

---

71. Ormias trouva certains alliés pour le soutenir dans la lutte qu'il
engagea contre son frère Bahram II, roi de Perse (cf. panégyrique précédent, n. 43) : le peuple scythe des *Saci*, était établi sur les rives sep-
tentrionales de la mer Caspienne, celui des *Geli* sur ses rives méridio-
nales ; les *Rufii* étaient installés dans la région de l'actuelle Kâshân (en
Iran). Ce fut Bahram qui, en définitive, l'emporta sur son frère.

des Saci, des Rufii et des Geli, Ormias attaque les Perses
eux-mêmes et, bien qu'il soit son frère, leur roi lui-même,
en qui il ne reconnaît ni, pour la majesté, un souverain,
ni, pour l'affection, un frère[71]. Les Burgondions ont occupé le territoire des Alamans[72], mais il leur en a coûté à
eux aussi de lourdes pertes. Les Alamans dépossédés de
leurs terres cherchent à les récupérer. Ô puissance re-
doutable de votre divinité ! Non seulement ces peuples-
là et d'autres, redoutables par leur nombre et par leurs
armes, s'abandonnent avec confiance à une férocité armée
pour sa propre perte, mais encore là-bas les Blemyes, à
ce que j'entends dire, habitués uniquement à lancer leurs
flèches légères, cherchent contre les Éthiopiens des armes
qu'ils n'ont pas et, avec une haine pour ainsi dire désar-
mée, engagent une lutte à mort[73].

XVIII. Désormais pour tirer vengeance de vos ennemis, vous renoncez aux armes et aux armées dont vous
avez usé jusqu'ici ; désormais, je le répète, heureux empereurs, c'est votre bonheur seul qui vous assure la victoire. Est-il une chose qui ait jamais fait plus de plaisir
aux empereurs romains, dans l'éloge de leur bonheur, que
d'entendre dire que leurs ennemis se tenaient tranquilles,
demeuraient dans l'inaction, observaient la paix ? Mais
combien plus agréables et de meilleur augure sont les propos qui, touchant le bonheur de votre règne, courent à
l'envi sur les lèvres de tous les hommes : « Les barbares
courent aux armes, mais pour s'entre-tuer ! Les barbares
viennent de remporter une victoire, mais sur leurs frères ! »

72. Les Burgondions et les Alamans s'étaient précédemment coa-
lisés en vue d'une invasion de la Gaule, en 286 (cf. *Panégyrique* II, 5,
1 et n. 21).
73. Les Blemyes, nomades venus de la Nubie (que les Grecs et les
Romains nommaient Éthiopie), avaient tenté, depuis le milieu du IIIᵉ siècle,
plusieurs incursions dans le sud de l'Égypte.

suos ! » ⁴Tam innumeros uobis, tam nouos ex omni
hostium genere successus fortuna suppeditat ut iam
mihi necesse sit illa quae initio separaueram rursus
hic communi laude coniungere, dum tantorum euen-
tuum quaero rationem : ⁵felicitatem istam, optimi
imperatores, pietate meruistis !

XIX.   ¹Optime igitur, quantum arbitror, sacratissime
imperator, haec potissima elegi quae gemino natali
tuo praedicarem. ²Etenim ceterae uirtutes et bona
cetera processu aetatis eueniunt, fortitudo annis acce-
dentibus roboratur, continentia disciplinae praeceptis
traditur, iustitia cognitione iuris addiscitur, ipsa denique illa quae uidetur rerum omnium domina esse
sapientia perspectis *homin*um moribus et exploratis
rerum docetur euentis : solae cum nascentibus pariter
oriuntur pietas atque felicitas ; naturalia sunt enim
animorum bona et praemia fatorum: ³Gemini ergo
natales pias uobis mentes et imperatorias tribuere
fortunas, atque inde sanctitatis uestrae omniumque
successuum manat exordium quod nascentes uos ad
opes generis humani bona sidera et amica uiderunt,
⁴quae uobis concordiam sempiternam et uestrorum

74. Voir *supra*, n. 31.
75. Le début de cette péroraison est nourri de réminiscences
cicéroniennes. On peut ainsi repérer des formules qui semblent faire écho
au *Pro Murena* : « *Ceterae tamen uirtutes ipsae per se multum ualent
iustitia, fides, pudor, temperantia … sed etiam ipsa illa domina rerum,
sapientia* » (« Cependant, des mérites d'autres sortes <autres que ceux
spécifiques à l'*imperator* ou à l'*orator*> ont par eux-mêmes une valeur
considérable : la justice, la loyauté, le sentiment de l'honneur, la

Si innombrables, si extraordinaires sont les succès que la fortune vous assure sur toutes sortes d'ennemis qu'il me faut maintenant réunir ici de nouveau dans une louange commune ce que j'avais séparé en commençant, tandis que je cherchais la raison de ces grands événements : ce bonheur, excellents empereurs, c'est par votre piété que vous l'avez mérité[74].

Péroraison   XIX. J'avais donc bien raison, il me semble, très saint empereur, de choisir ces mérites entre tous comme les plus importants pour en faire l'éloge en ce double anniversaire de ta naissance. Les autres qualités et les autres biens résultent du progrès de l'âge : la vaillance se fortifie avec le cours des ans, la modération est le fruit des préceptes de morale, la justice s'acquiert par la connaissance du droit, celle enfin qui paraît être la maîtresse souveraine, la sagesse elle-même, nous est enseignée par l'observation des mœurs des hommes et l'examen des événements[75] ; seules naissent en même temps que nous la piété et le bonheur, biens naturels de l'âme et présents du destin. Vos deux jours de naissance vous ont donné des âmes pieuses et des fortunes impériales. L'origine de vos vertus et de tous vos succès tient aux constellations bienfaisantes et amies qui vous ont vus naître pour le bien du genre humain : elles vous inspirent une éternelle concorde, l'affection pour vos

modération… mais encore la véritable souveraine de l'univers, la sagesse » ; *Pour Muréna*, XIV-30, édition et traduction d'A. Boulanger, Paris, Les Belles Lettres, C. U. F., 1967, pp. 48-49). Le panégyriste semble également se souvenir du *De legibus* : « *Ita fit ut mater omnium bonarum rerum sit sapientia* » (« Il en résulte que c'est la sagesse qui est la mère de toutes les activités bonnes » ; *Des lois*, I, XXII-58, édition et traduction de G. de Plinval, Paris, Les Belles Lettres, C. U. F., 1968[2], p. 34). Voir encore *Tusculanes*, II, XX-47 : « *Sed praesto est domina omnium et regina ratio* » (« Mais une souveraine universelle, une reine, la raison, se trouve à son poste » ; édition de G. Fohlen et traduction de J. Humbert, Paris, Les Belles Lettres, C. U. F., 1970[4], p. 104).

generum caritatem et fouendae rei publicae studia con-
ciliant itemque praeter uictorias toto orbe terrarum
partas etiam naualia trophaea promittunt, ⁵ut post
bella Punica, post Asiae Syriaeque reges Romani
Rostra campi nouis ornetis exuuiis et oblitos iam Quirites in memoriam reducatis, cur ille sollemnis contio-
nibus locus Rostra uocitetur. ⁶Dico enim magna cer-
taque fiducia : digna est hac quoque gloria uestra
pietas, et potest eam praestare felicitas.

76. Il ne peut pas s'agir d'une promesse de victoire navale contre
Carausius, qui serait remportée avec le concours de la flotte dont la
construction a été décrite dans le panégyrique précédent (cf. II, 12, 3-
8), puisqu'elle fut engloutie, du fait des intempéries, sans doute peu de
temps après que le discours de 289 eut été prononcé (cf. panégyrique
précédent, n. 51). Il n'est donc guère possible de savoir à quels « trophées navals » fait ici allusion l'orateur.

familles, la passion du bien public ; elles vous promettent aussi, en dehors des victoires remportées à travers le
monde tout entier, même des trophées navals[76]. Elles veu-
lent qu'après les guerres puniques, après la défaite des rois
d'Asie et de Syrie, vous orniez les Rostres du < Forum >
romain de dépouilles nouvelles et que vous rappeliez aux
Quirites oublieux les raisons qui ont fait donner le nom
de Rostres à cette tribune réservée aux harangues[77]. Je
parle avec une grande confiance, une confiance sûre d'elle-
même : votre piété est digne de cette autre gloire et votre
bonheur est en mesure de vous la procurer.

77. L'expression *Romani rostra campi* laisse supposer que
Mamertin situe les rostres sur le Champ de Mars et qu'il n'a donc que
des notions assez vagues de la topographie de la Ville. Les « rostres »
désignent la tribune aux harangues, installée sur le Forum romain, d'où
les orateurs s'adressaient au peuple ; elle tirait son nom des éperons de
navires *(rostra)* dont le consul C. Maenius l'avait fait orner et qui
avaient été pris sur les navires ennemis vaincus à la bataille d'Antium
(338 av. J.-C.), lors de la lutte contre les Volsques. Au cours des guerres
mentionnées ici, la flotte joua un rôle déterminant : ce fut le cas lors des
guerres Puniques, et particulièrement de la première, ainsi que durant
les guerres contre Antiochus III (roi de Syrie, immense empire conti-
nental et maritime) et contre Mithridate VI (roi du Pont, région d'Asie
Mineure sur le Pont-Euxin, l'actuelle Mer Noire).

Indications bibliographiques

Inventaires bibliographiques

LASSANDRO, Domenico 1988. « Inventario dei manoscritti dei Panegyrici Latini ». *Invigilata Lucernis* 10, 107-200.
— 1989. « Bibliografia dei Panegyrici Latini ». *Invigilata Lucernis* 11, 219-259.
— & Rosanna DIVICCARO 1998. « Rassegna generale di edizioni e studi sui Panegyrici Latini ». *Bolletino di Studi Latini* 28, 132-204.

Quelques éditions récentes

MYNORS, Roger Aubrey Baskerville (éd.) 1967. *XII Panegyrici Latini*. Oxford : Clarendon Press (Oxford Classical Texts).
PALADINI, Vergilio & Paolo FEDELI (éds) 1976. *Panegyrici Latini*. Rome : Typis Officinae Polygraphicae.
LASSANDRO, Domenico (éd.) 1992. *XII Panegyrici Latini*. Turin : Paravia (Corpus Scriptorum Latinorum Parauianum).

Traduction accompagnée d'un commentaire

NIXON, Charles E. V. & Barbara Saylor RODGERS 1994. *In Praise of Later Roman Emperors. The Panegyrici Latini*. Introduction, Translation and Historical Commentary with the Latin Text of R. A. B. Mynors. Berkeley/Los Angeles/Oxford : University of California Press.

Concordance

JANSON, Tore 1979. *A concordance to the Latin panegyrics. A concordance to the XII Panegyrici Latini and to the panegyrical texts and fragments of Symmachus, Ausonius, Merobaudes, Ennodïus, Cassiodorus*. Hildesheim : Olms.

Sur l'Hercule romain et son culte à Rome

BAYET, Jean 1926. *Les Origines de l'Hercule romain*. Paris : de Boccard (B. E. F. A. R., 132).
COARELLI, Filippo 1994. *Guide archéologique de Rome* (traduction française de R. Hanoune). Paris : Hachette (Bibliothèque d'archéologie).

Monographies concernant spécifiquement les panégyriques de Mamertin

D'ELIA, Salvatore 1962. « Ricerche sui panegyrici di Mamertino a Massimiano », *Annali della Facoltà di Lettere e Filosofia dell'Università di Napoli* (1960-1961) 9, 121-391.
SCHAEFER, Oskar 1914. *Die beiden Panegyrici des Mamertinus und die Geschichte des Kaisers*

Maximianus Herculius (Inauguraldissertation zur Erlangung der Doktorwürde). Strasbourg : Druck von M. DuMont Schauberg.

Études historiques, littéraires, philologiques, rhétoriques...

ASCHE, Ulrike 1983. *Roms Weltherrschaftidee und Aussenpolitik in der Spätantike im Spiegel der Panegyrici Latini*. Bonn : Habelt (Habelts Dissertationsdrucke, Reihe Alte Geschichte, Heft 16).

BARNES, Timothy David 1976. « Imperial campaigns, A. D. 285-311 », *Phoenix* 30, 174-193.
— 1982. *The New Empire of Diocletian and Constantine*. Londres/Cambridge (Mass.) : Harvard University Press.

BÉRANGER, Jean 1970. « L'expression de la divinité dans les Panégyriques latins », *Museum Helveticum* 27, 242-254.

BURDEAU, François 1964. « L'empereur d'après les Panégyriques latins », in : *Aspects de l'Empire romain* (édité par François Burdeau, Nicole Charbonnel et Michel Humbert), 1-60. Paris : P. U. F. (Travaux et recherches de la Faculté de Droit et des Sciences économiques de Paris. Série « Sciences historiques », 1).

CHICCA, Fanny del 1987. « La struttura retorica del panegirico latino tardo imperiale in prosa. Teoria e prassi », *Annali della Facoltà di Lettere e Filosofia dell'Università di Cagliari* (1985) n. s. 6, 79-113.

CHRISTOL, Michel 1976. « Panégyriques et revers monétaires : l'Empereur, Rome et les provinciaux à la fin du IIIe siècle », *Dialogues d'Histoire Ancienne* 2, 421-434.

CORCORAN, Simon 1996. *The Empire of the Tetrarchs. Imperial Pronouncements and Government AD 284-324*. Oxford : Clarendon Press.

DRINKWATER, John F. 1984. « Peasants and Bagaudae in Roman Gaul », *Echos du Monde Classique* (= *Classical Views*, University of Calgary) 28, 349-371.

FEARS, J. Rufus 1977. *Princeps a diis electus : the Divine Election of the Emperor as a Political Concept at Rome*. Rome : American Academy in Rome (Papers and Monographs of the American Academy in Rome, 26).

GRUBER, Joachim 1997. « Typologisches Argumentieren in der lateinischen Panegyrik », in : *Vir bonus dicendi peritus. Festschrift für Alfons Weische zum 65. Geburtstag* (Hrsg. von Beate Czapla, Tomas Lehmann, Susanne Liell), 129-134. Wiesbaden : Reichert.

HALL, Ralph G. & Steven M. OBERHELMAN 1985. « Meter in Accentual Clausulae of Late Imperial Latin Prose », *Classical Philology* 80, 214-227.
— 1986. « Internal Clausulae in Late Latin Prose as Evidence for the Displacement of Meter by Word-Stress », *The Classical Quaterly* n. s. 36, 508-526.

JANSON, Tore 1984. « Notes on the Text of the Panegyrici Latini », *Classical Philology* 79, 15-27.

JUCKER, Ines 1992. « Überlegungen zu Maximianus Herculius und seinen Mitregenten », *Numismatica e Antichità Classiche* 21, 323-351.

KOBES, Jörn 1997. « Maximian (286-305, 306-308, 310) », in : *Die römischen Kaiser. 55 historische Portraits von Caesar bis Iustinian* (Hrsg. von Manfred Clauss), 272-275. Munich : Verlag C. H. Beck.

LASSANDRO, Domenico 1973-1976. « Note critiche ai Panegyrici Latini », *Annali della Facoltà di Magistero dell'Università di Bari* 13, 719-748 ; 14, 67-82.
— 1980. « La demonizzazione del nemico politico nei Panegyrici Latini », *Contributi dell'Istituto di Storia Antica* (Milan, Università cattolica del Sacro Cuore) 7, 237-249.
— 1987. « Paneg. 10(2), 4 ed un gruppo statuario del museo di Metz », *Invigilata Lucernis* 9, 77-87.
— 1995. « Storia e ideologia nei Panegyrici Latini »,

in : *Sermione mansio : società e cultura della Cisalpina tra tarda antichità e altomedioevo* (a cura di Nicola Criniti), 111-121. Brescia : Grafo.

LEADBETTER, Bill 1998. « *Patrimonium indivisum* ? The Empire of Diocletian and Maximian », *Chiron* 28, 213-228.

L'HUILLIER, Marie-Claude 1986. « La figure de l'empereur et les vertus impériales. Crise et modèle d'identité dans les *Panégyriques* latins », in : *Les Grandes Figures religieuses : fonctionnement, pratique et symbolique dans l'Antiquité*. Rencontre internationale de Besançon, 25-26 avril 1984. Paris : Les Belles Lettres (= Annales Littéraires de l'Université de Besançon, 329).

— 1992. *L'Empire des mots. Orateurs gaulois et empereurs romains, III⁰ et IV⁰ siècles*. Paris : Les Belles Lettres (= Annales Littéraires de l'Université de Besançon, 464).

LORIOT, Xavier 1981. « Les aurei de Dioclétien et Maximien à la marque IAN », *Bulletin de la Société Française de Numismatique* 36, 88-92.

MACCORMACK, Sabine G. 1972. « Change and Continuity in Late Antiquity : The Ceremony of *Adventus* », *Historia* 21, 721-752.

— 1975. « Latin Prose Panegyrics ». In : *Empire and Aftermath* (edited by Thomas Alan Dorey), 143-205. Londres/Boston : Routledge & Kegan Paul.

— 1976. « Latin Prose Panegyrics : Tradition and Discontinuity in the Later Roman Empire », *Revue des Études Augustiniennes* 22, 29-77.

— 1981. *Art and Ceremony in Late Antiquity*. Berkeley/Los Angeles : University of California Press.

MAUSE, Michael 1994. *Die Darstellung des Kaisers in der lateinischen Panegyric*. Stuttgart : Franz Steiner Verlag (Palingenesia, 50).

NIXON, Charles E. V. 1981. « The "Epiphany" of the Tetrarchs ? An Examination of Mamertinus Panegyric of 291 », *Transactions of the American Philological Association* 111, 157-166.

— 1983. « Latin Panegyric in the Tetrarchic and Constantinian Period », in : *History and Historians in Late Antiquity* (edited by Brian Croke and Alanna M. Emmet), 88-99. Sydney : Pergamon Press.

— 1990. « The Use of the Past by the Gallic Panegyrists », in : *Reading the Past in Late Antiquity* (edited by Graeme Clarke *et al.*), 1-36. Rushcutters Bay : Australian National University Press.

O'REILLY, D. 1977. « Maximian's Bagaudae Campaign of 286 A.D », *Journal of the Society of Ancient Numismatics* (Santa Monica) 8, 42-46.

PASQUALINI, Anna 1979. *Massimiano Herculius. Per un'interpretazione della figura e dell'opera.* Rome : Studi pubblicati dall'Istituto Italiano per la Storia Antica (fasc. 30).

PETIT, Paul 1974. *Histoire générale de l'Empire romain.* 2. *La crise de l'Empire (des derniers Antonins à Dioclétien)* ; 3. *Le Bas-Empire (284-395).* Paris : Le Seuil (Points-Histoire, 36 et 37).

RODGERS, Barbara Saylor 1978. *The* Panegyrici Latini *: Emperors, Colleagues, Usurpers and the History of the Western Provinces.* Thèse (PHD) soutenue à Berkeley (University of California).

— 1986. « Divine Insinuation in the *Panegyrici Latini* », *Historia* 35, 69-104.

ROUSSELLE, Aline 1976. « La chronologie de Maximien Hercule et le mythe de la Tétrarchie », *Dialogues d'Histoire Ancienne* 2, 445-466.

RUSSEL, Donald 1998. « The Panegyrists and their Teachers », in : *The Propaganda of power. The Role of Panegyric in Late Antiquity* (edited by Mary Whitby), 17-50. Leyde/Boston/Cologne : E. J. Brill.

SABBAH, Guy 1984. « De la rhétorique à la communication politique : les Panégyriques latins », *Bulletin de l'Association Guillaume Budé* 43, 363-388.

SEECK, Otto 1896. « Bagaudae », in : *Real-Encyclopädie der klassischen Altertumswissenschaft* 2, 2, col. 2766-2767.

SESTON, William 1946. *Dioclétien et la Tétrarchie. I, Guerres et réformes (284-300)*. Paris : de Boccard.
— 1950. « Jovius et Herculius ou l'"épiphanie" des Tétrarques », *Historia* 1, 257-266 (= *Scripta varia. Mélanges d'histoire romaine, de droit, d'épigraphie et d'histoire du christianisme*, 1980, 441-450. Rome : Collection de l'École Française de Rome, 43).

SHIEL, Norman 1977. *The Episode of Carausius and Allectus*. Oxford : British Archaeological Reports (B. A. R., 40).

STORCH, R. H. 1972. « The *XII Panegyrici Latini* and the Perfect Prince », *Acta Classica* 15, 71-76.

VEREECKE, Edmond 1975. « Le corpus des panégyriques latins de l'époque tardive : problèmes d'imitation », *L'Antiquité Classique* 44, 141-160.

WALLACE-HADRILL, Andrew 1981. « The Emperor and his Virtues », *Historia* 30, 298-323.

WISTRAND. Erik 1964. « A Note on the *geminus natalis* of Emperor Maximian », *Eranos* 62, 131-145 (= *Opera selecta*, 1972, 427-441. Stockholm : P. Aström).
— 1987. *Felicitas imperatoria*. Göteborg : Acta Universitatis Gothoburgensis (Studia Graeca et Latina Gothoburgensia, 48).

ZIEGLER, Konrat 1949. « Panegyrikos », in : *Real-Encyclopädie der classischen Altertumswissenschaft* 18, 3, col. 559-581.

Table des matières

Ce volume,
le cinquantième
de la collection « Classiques en poche »,
publié aux Éditions Les Belles Lettres,
a été achevé d'imprimer
en octobre 2002
dans les ateliers
*de **Bussière Camedan Imprimeries**,*
18203 Saint-Amand-Montrond.

Dépôt légal : octobre 2002.
N° d'édition : 4148 - N° d'impression : 024413/1

Imprimé en France